ホスピタリティと会計

Hospitality & Accounting

西澤健次 著

国元書房

まえがき　利潤を生み出す土壌

　会計は利潤の計算をすることが主たる目的であるということは周知のことであるが、利潤はいかにして生み出されるかという問いに対して、会計は今までどのように取り組んできたのだろうか。企業は投下資金を活用して様々な経済活動を行い、商製品・サービスを提供することで形式的には利潤を得る。しかし、その中身に着目すると、今日の利潤は、商製品あるいはサービスの魅力のみから生じるものとして捉えておくことが困難になってきているように思われる。主にそれは、一昔前の生活必需品の需要と供給のごとく、つくれば売れるという単純な経済社会ではなくなってきたからでもある。従来より、利益に関する議論は、幾度となく繰り返されてきている。昨今の会計では、そのなかでも、包括利益という財産から生み出される利益も情報開示する必要性にフォーカスが当たっており、有価証券などの金融商品による営業外の利潤獲得について多くの考察が試みられた。しかし、今日の企業の経営方針などを概観すると、それとはまた別の観点も生まれようとしているように見えるのである。今日、昭和の時代に大きく花開いた花形企業が、企業規模縮小、粉飾決算、不適切会計、業務停止、倒産、あるいは一方向的な利益至上主義的な売り方によって、顧客からの信頼を損ねて困窮している事例には枚挙に暇がない。それは、過当競争や経済不況が残した負の遺産として見ることもできるが、その一方で、むしろ新たなタイプの企業が新たな経営方針（特に顧客との良好な関係づくり）ならびに斬新なアイデアというポジティブな視点で立ち上がろうとしていることも見過ごすことはできない。つまり、いかなる商製品も、つくれば売れるという観点とは別に、いかに消費者・顧客に選ばれるかという顧客志向の視点の重要度が増してきているということである。

　もちろん、もともと、本業による利潤、あるいは利潤の生まれるプロセスというものは、昭和の会計を一世風靡したG－W－G'という個別資本の循環範式の枠のなかで、企業活動が捉えられてきたことは周知の事実であり、従来

はじめに　利潤を生み出す土壌

型の利潤活動行為そのものを所与として、それを疑う（＝相対化する）試みはほとんど着手されてこなかった。もちろん、G'（＝貨幣の増加分）マイナスGは、商製品の販売や金融商品によって生じた利潤であり、それは今も昔も変わることはない。起業をし、企業の体をなすと、資金（G）を投じることで商製品（W）を製造し、何らかの売り手の努力によって＜販売＞過程を経て、資金（G'）を回収するという図式は疑う余地もなく、所与として会計に組み込まれてきた。ただ、その思考のスタイルは、新たなタイプの企業の写像となっているのかというと、現況の企業活動を斟酌すると甚だ心もとない。

　つまり、今日の企業活動は、＜販売＞に至るまでのプロセスが多岐に及び、商製品やサービスといった売り物も極めて多様化してきており、商製品などを購入する消費者の意思決定においても、商製品・サービスそのものの魅力のみならず、顧客の心理をつかむ心の要素の部分が極めて重要な割合を占めてきている。ホスピタリティ（≒おもてなし）を意図した施設を整えたり、ホスピタリティの視点から顧客対応のために人材を育成することであったり、商製品・サービスが売れるポイントを新たなアイデアの創造に求められる場合も多くなってきている。何らかの、そうした"見えざる"売り手の努力が売上を大きく左右する要因になってきていることは、G－W－G'という所与の図式を反芻する機会となっているように思われる。そのことは、昭和生まれの中高年あるいは従業員・消費者・顧客という視点から日常生活を振り返ってみれば、人と人との対応という点で、時代が大きく変化していることに気づくはずである。国鉄の民営化、郵政の民営化、国公立大学や病院の独法化において、新たな競争原理として、商品とは別に、顧客に対する対応が大きく変化してきた。既存の民間企業ではなおさらである。学校や医療機関などの昔のスタイルは、まるで天動説から地動説に変化したがごとく、新しい顧客中心のスタイルへと移行しており、今や昭和の時代とは隔世の観がある。そうしたことは、身近な事例にも事欠かない。例えば、風邪を引いて、病院で処方箋をもらい、薬局で薬を待っている時などは、医薬分業以前の旧時代に比べると、中高年の世代からすれば、調剤を待つ間にお茶やコーヒー、お菓子などの提供と、優しい笑顔

のサポートを受け、さながら飛行機のファーストクラスのような対応を受けることもあるだろう。逆に、当該企業のホスピタリティの売り出し文句は素晴らしくても内実は利益至上主義やお粗末なコンプライアンスにより、いささかもホスピタリティ自体が伴っていないブラック企業やブラックな組織体も横行しており、そのお粗末さが露見する事例も後を絶たない。

　ここでは、実際の企業の良し悪しはさておき、先述したがごとく、企業の何らかの売り手の"対応の良さを引き出す、見えざる"努力が、単なる従来型の営業努力とは異なり、顧客を商製品の購入に仕向ける大きな賭けになっていることは、もはや会計としても無視することはできないものと認識するものである。新たな企業活動の萌芽と熟成は、少なくとも＜利潤を生み出す土壌とは何か？＞ということを会計事象として、新たな問題提起をしているように思われるのである。

　もっとも、既存の会計学の観点からすれば、消費者・顧客が企業のステイクホルダー（利害関係者）であるという意識は極めて希薄であるか、伝統的な財務会計の目線からすれば利害関係者として認識すること自体、疑問符がつくことだろう。一般的には、従来より、経営者・債権者・株主という3つの立場上の利害関係が主に捉えられてきており、消費者・顧客は枠外として置かれている。それは、資金の委託・受託という関係を基軸にして、受託者（＝経営者）の受託責任の解除、つまりは処分可能利益の算定が主たる会計目的とされてきたために、資金の返済や配当というクルーシャル（決定的）な問題とは関連しないという意味で、会計思考から除外されてきたという観がある。言葉を換えれば、近代の会計は、貸借対照表のなかで完結する利害関係に支配されていたのである。しかし、企業にとって最もアグレッシブな資金調達とは、商製品やサービスを売り上げた売上金である。企業が稼ぎ出す自力資金によって企業が成長していくことを考えると、利害関係者としての消費者・顧客という、いわばあたりまえの観点が抜け落ちていたと見ることもできるのである。今日、不適切な商製品を販売したり、不適切なサービスを提供して、消費者・顧客の信頼を失い、企業活動停止や企業規模縮小、あるいは倒産などの憂き目に遭って

はじめに　利潤を生み出す土壌

いる企業が後を絶たない。この問題は、マネジメントだけの問題にとどまらず、むしろマネジメントと会計の橋渡しをする重要な課題を含んでいるように思われる。つまり、消費者・顧客の信頼を失うか、積極的に信頼を勝ち取るかという情報ソースは、消費者・顧客のみならず、投資情報としても極めて重要なデータになっていると思われるからである。こうしたことは、企業の継続性という根幹の問題とも大いに関連している。

　そこで、本書では、現代の会計に"抜け落ちている"ホスピタリティに焦点を合わせて、それがいかに企業活動と絡み合っているかということを主たる問題意識として、考察を試みた。ホスピタリティの意味ないし定義については諸説あり、一般的には、接客する際の礼儀作法やビジネスマナーと同じ意味に捉えられているが、本書でいう「ホスピタリティ」とは、消費者・顧客を感動に導く行為であり、マニュアルによって図ることのできない創意工夫という壮大な意味合いで用いている。具体的な内容は本文に譲るとして、ひとまず著者は、マネジメントにおけるホスピタリティとは、消費者・顧客の信頼を積極的に勝ち取るための行為（身体的行為、精神的行為）であると捉えている。したがって、必ずしも語源的な意味での、慈悲や施し、歓待といった意味のみを指すわけでもなく、その時々の時代背景や諸状況により、一点にとどまらず、常に意味内容が成長していく、新たなアクトないし関係性のタームであると捉えている。従来よりホスピタリティは、ある種のパターンないし基本形があるようなおもてなしや、対価を求めるサービスとは異なっており、実際、新たなマネジメントの新概念として、様々な企業が独自の創意工夫でもって果敢に挑む世界が拓かれているのである。

　すでに諸々の企業が、ホスピタリティ・マネジメントを導入し、他社との競争となる時代へと突入している。それらは、ホスピタリティを語る社長語録や、ホスピタリティを掲げる企業の経営理念や、様々な経営方針にも見られるように、一過性のものでないことは確かである。ただ、当該企業のホームページなどで、その様子を知ることは若干できるにせよ、ホスピタリティという観点から企業活動の内容を詳しく知るには、まったくの情報不足で情報の非対称性が

あることは否めない。財務諸表ならびにCSR（corporate social responsibility：企業の社会的責任）などによって、いかにホスピタリティを織り込んだ会計情報や経営情報を開示するか、新たに企業活動を再考する時代になってきているように思われる。もっとも、本書は、具体的な開示情報の仕方を提案することは、意図していない。それ以前に、企業活動のあり方の変革が会計の問題と共振する「会計学としての新たな問題化」として、ひとまず火山の噴火のごとく、大きな会計変動のあり方を指し示すことを主たる目的としている。

　それにしても、現時点においては、ホスピタリティという言葉はいまひとつ生活のなかに浸透していない。それには、いくつかの理由がある。主な点をあげるとすれば、ホスピタリティのことをサービスと表記したり、おもてなしと混同したり、言葉の定義が確立していないという状況があることと、人の信頼を得るためにはどうすればよいかという問いに対して画一的な答えを返すことができないように、それぞれの企業活動の様々な事案において個別対応を含むためマニュアルを提示することができないこと、そしてまた、ホスピタリティの事象を一義的に捉えることが困難であるという点が大きいように思われる。また、マネジメントにおけるホスピタリティという仕掛けを企てたとしても、それが必ずしも即座に利潤に貢献するというわけでもない。企業も顧客も人間であり、神ではないので、ホスピタリティに関して、いくら崇高な理念を掲げても砂上の楼閣となることもあるには違いない。ただ、ホスピタリティという創造の場を設けることによって、商製品やサービスの売上に大きく影響する、あるいは企業の持続可能性を維持し得る、新たな利潤獲得活動が生まれる可能性は大いにあるように思われる。人は悪徳に溺れることもあれば、神の行為に等しい美徳ももつ。消費者・顧客の立場に立った情報開示は、投資家やステイクホルダーにとっても有用かつ有益な情報となるだろう。したがって、そうしたホスピタリティというポジティブなチャレンジの可能性を設けない企業は、消費者・顧客からの信頼性という観点から、常に、企業の持続可能性が疑われるリスクをもつことになるだろう。

　本書では、こうした新たなマネジメントと会計、特に財務会計の諸相を探る

はじめに　利潤を生み出す土壌

　手始めに、まずは、服部勝人の著書で記述されているマネジメントにおけるホスピタリティの定義を批判的に吟味し、それを通して、ホスピタリティと会計との関係性について考察している。

　第1章から第3章までは、服部勝人のホスピタリティの定義を援用し、「商品を中心にした経済活動」すなわち、G－W－G'という資本循環範式の枠組みのなかでホスピタリティの意義を検討している。第4章では、観点を代えて、山本哲士の述語理論等を援用して「資本を中心にした経済活動」という新たな経済を想定した場合のホスピタリティの意義を検討している。マルクスは商品を語っていても資本については何も語っていないという山本の提言は、ホスピタリティ本来の意味するところを示唆しているように思われる。著者の立場としては、会計認識の対象としてホスピタリティを考えた場合、両者の見方は相反するものであるが、either or の関係にあるとは考えてはいない。著者としては、第4章において狭義のホスピタリティの本質を暴き出したいと考えたが、一筋縄では捉えきれないホスピタリティに関連する経済事象について、最後の第5章で一応のまとめを出している。

　また、本書で使用されているホスピタリティの意味は、経済の諸活動で起こる現象、特に企業会計における、マネジメントとしてのホスピタリティを対象としているので、概ね具現化したレヴェルでの考察が中心となる。無論、哲学ならびに西洋史学などで取り扱われているホスピタリティに対する抽象的な議論ないし学問的蓄積は、本書のみならず、様々な研究において多大な資料の宝庫となっているものの、ここでは、マネジメント・会計という観点から着目していることで、問題が限定されていることにご理解をいただきたい。今まで、ほとんど着目されもしなかったホスピタリティと会計の、いわば水と油のような新たな会計の問題が、会計学の土壌に組み入れられ考察の一端とされることを期待している。

西澤　健次

目　　次

第1章　ホスピタリティと会計　001
　　　　—貨幣評価の公準を巡る諸問題について—
1. はじめに　001
2. 貨幣評価の公準と会計　005
    - 2.1　貨幣評価の公準の意義　005
    - 2.2　財務会計と貨幣評価の公準　012
3. ホスピタリティとサービス　014
4. ホスピタリティと会計　020
    - 4.1　ホスピタリティと会計の関係　020
    - 4.2　サービス原価とホスピタリティ　026
5. ホスピタリティと損益計算書　032
6. モチベーションと会計—貨幣評価の公準の代替性—　038
7. おわりに　039

第2章　財務報告とホスピタリティ　043
1. はじめに　043
2. ホスピタリティと会計　047
    - 2.1　商品の品質と企業の不正問題　051
    - 2.2　サービスの品質と不正問題　054
3. 財務報告と財務諸表　055
4. 財務報告とホスピタリティ　058
5. おわりに　060

第3章　消費者のための会計は可能か？　063
1. はじめに　063
2. 「サービス文化」と「ホスピタリティ文化」
　　　—効率性に内在する問題—　066
3. ホスピタリティと会計の関係　073

4. アカウンタビリティと消費者　**075**

　5. 消費者のための会計情報　**080**

　　5.1　企業の行動基準　**080**

　　5.2　消費者に対する新たな情報開示　**084**

　　5.3　ホスピタリティ報告書の可能性　**087**

　6. おわりに　**090**

第4章　ホスピタリティの述語性について　**093**

　1. はじめに　**093**

　2. 主語の不在　**094**

　3. ホスピタリティの述語性について　**102**

　4. 主語と述語　**104**

　5. おわりに　**113**

第5章　会計の対象とホスピタリティについて　**115**

　1. はじめに　**115**

　2. 会計の対象　**117**

　3. 〈経済〉という概念の変容　**119**

　　3.1　会計と個別資本運動　**119**

　　3.2　相互作用の意味について　**133**

　4. 2つの利益　**136**

　5. おわりに──遠回りの利益──　**138**

あとがき　**143**

ホスピタリティと会計
― 貨幣評価の公準を巡る諸問題について ―

1. はじめに

　今日の企業の経済活動は多岐にわたっている。モノをつくって売るという単純な交換経済から有価証券、デリバティブなどに見られるようなマネーゲームに経済の重心がシフトしてきており、従来の取得原価主義会計の枠組みでは経済実態を捉えきれない事態に立ち至っている。まさにプロダクト型の会計からファイナンス型の会計に移行している。
　一方、モノをつくるにせよ、いかにして売れるモノをつくり出すか、そのノウハウや知的創造という側面も旧態の会計が想定していた域をはるかに超え、有形資産と無形資産の対峙が会計上の大きな問題として浮き上がってきたことは周知の事実である。つまり、無形資産の会計である。
　前者の会計は主に伝統的な取得原価の見直しを促し、今日の「測定」のあり方に対して問題を投げかけている。後者の会計は、蓋然性をはじめ、主に新たな「認識」の問題を投げかけている。近代の会計は、いわゆる分配可能利益の算出を求めることを主たる目標としてきたが、利益に影響を及ぼす経済事象が大幅に拡大してきたのである。会計の情報提供機能という観点からは、投資意思決定をする投資家に対して有用な会計情報を提供するということは、もはや会計のコンセンサスとなっている。現代経済自体が旧態の経済状況とは随分と異なる様相を呈してきており、新たな認識・測定の枠組みが問われているともいえよう。

第1章　ホスピタリティと会計
―貨幣評価の公準を巡る諸問題について―

　ところで、伝統的な取得原価主義会計は、商品と現金の交換のごとく、交換に着目した。言い換えれば、モノないし取引を貨幣の計算単位（金額）で評価するという貨幣評価の公準が暗黙裡に働いているのである。複式簿記により経済事象を認識・測定するという立場からは、貨幣評価の公準は不可欠な公準である。非財務諸表情報を作成する意図でもない限り、貨幣評価の公準の存在に疑義を差し挟むこともできないだろう。[1] ただ、企業を取り巻く環境は、数十年前とは大きく変化し、ただちに貨幣には結びつかなくとも、利益を生み出す重要な源泉の存在が次第に明らかになってきている。ただ単に商品を並べれば売れるという時代でもないからである。今日、いわゆる交換概念とは異なるレヴェルでの経営上の新たな思考"売れる仕組み"が会計にも大きく影響を及ぼしてきているように思われる。

　つまり、いかにファイナンス型の会計が出現し、目に見えない資産が発生しているにせよ、それはそれとして、企業がモノをつくって売るという基本的な経済の構造自体は変わるはずもないが、それよりもさらに「いかにして利益を出すか」という「いかに」という問題点が今まで以上に極めて重要な情報になってきたということである。

　例えば、ディズニーランドやハウステンボスのようなテーマパークが「いかにして利益を出すか」と考えた場合に、通常の財務諸表の数字（金額）からは設備資産や負債の金額の多寡を知ることはできるにせよ、将来の利益を予測する充分なデータは望めない。企業外部の者は、テーマパーク（ホスト）がどのように客（ゲスト）をもてなしているか、あるいは、もてなすことによって利益を獲得しているのか、という根本的な情報を入手することができないからである。客（ゲスト）がテーマパークに対して現金を支払うのは、ただ単に、ミッキーマウスに会ったり、チューリップを見たり、観覧車に乗るためではなく、

---

[1]　長谷川茂の見解によれば、財務諸表以外の経営情報を非財務諸表情報と表記すべきであり、著者もその趣旨に賛同している。本節では非財務諸表情報という言葉を使用しているが、一般的には、非財務情報という便宜的な表記が多く流通しているため、本節以外では、便宜的に非財務情報という表記を用いることとする。

1. はじめに

テーマパーク独自のホスピタリティ（≒おもてなし）があるからである。[2]このことはホテル業や旅館業、外食産業、交通機関にとどまらず、車や家電の製造、不動産に至るまでありとあらゆる企業利益の源泉になっている。しかし、会計はこうした心の問題から長い間遠ざかっていた。会計には貨幣評価の公準があり、通常、ホスピタリティのすべてを貨幣（金額）によって測定することはできないからである。

しかし、そもそも、貨幣（G）－商品（W）－「貨幣（G'）」という資本循環が、今日の企業の経済活動を担う基幹を表しているのであろうか。そうであれば、会計は、G－W－G'という経済事象にばかり囚われて新たな経済事象を見落としていることになりはしないだろうか。資本循環における貨幣の増

---

[2] 本書では、ホスピタリティとおもてなしは、互いに似ている概念であるが、基礎概念としては根本的に異なるものと捉えている。第4章で、ホスピタリティとおもてなしの相違について考察している。また、一般的には、ホスピタリティは、狭義には、接客の仕方やビジネスマナーと同義に捉えられているようであるが、本書では、消費者・顧客の心を満たすための行為そのものと広義に捉え、接遇のみならず、建物や備品などの装置・仕掛けも含めてホスピタリティとして捉えている。例えば、リッツカールトンホテルのインテリア、18世紀英国の貴族の邸宅を彷彿とさせる絵画や美術品の数々をあえて置くことや、スターバックス九州太宰府店を建築家 隈研吾氏に委託すること自体などは、モノの提供であるにせよ、ホスピタリティを生み出す場所として重要なコンセプトになっている。つまり、モノの提供であるにせよ、今までの既存の企業活動の仕方とは根本的に異なる集客の仕方を提示しているものであると捉えている。上記の例示以外にも、建物や備品などが、集客の新しい手法として、ホスピタリティ資材となっているケースは枚挙に暇がない。

また逆に、今日、消費者の信頼を裏切るような不正商品を提供する企業も後を絶たないが、本書の観点からすれば、それは、ホスピタリティ軽視ないし黙殺による企業活動の麻痺であると捉えている。財務報告の観点からは、第3章でみるように、ホスピタリティ不在の状況、負の企業活動として取り上げるべき重要課題であると思われる。もちろん、企業とは、人間の集合体である以上、パーフェクトな事業などあるはずもないが、少なくとも、今日、企業ないし多くの組織体の活動が新たな経済へ移行しつつあることを見過ごすわけにはいかないだろう。そうした意味で、ホスピタリティ（何となく居心地が良いこと）を「いかに」提供するかという問いは投げかけられても、「ホスピタリティとは何か」という問題は奥深くて難しい。「ホスピタリティとは何か」、その捉え方次第で、会計との関わりの重要度も異なってくる。それゆえ、本書では、慎重に類似概念との違いを明確にすることをもう1つの課題としたいと思い、全編にわたってホスピタリティの意義について検討している。

第1章 ホスピタリティと会計
―貨幣評価の公準を巡る諸問題について―

加は、製品ないし商品の販売によって生じるが、実際には、必要的消費の場合と選択的消費の場合とで、消費の仕方を分けて考えると、一概に、「販売」といってもそのあり様が異なるのである。今日では、必要的消費の範疇にあるものでさえ、大方、選択肢が増えたことによって、選択的消費へと移行してきている。具体的には、ネットの通販、コンビニ、ディスカウントストア、コストコのような大量購入の量販店など、様々な買い方ができるようになってきた。選択的であるということは、消費者の立場からすれば、買ってもよいし、買わなくてもよいということである。そうであれば、企業は、商品自体の魅力以外にも、購買意欲をかき立てる魅力をさらにつくり出さなくてはならない。単に、資金を投下して製品を製造し販売に至るという単純な図式では、利潤を獲得することができない。販売に至るまでの企業努力が、消費の選択性に大きく寄与しているとすれば、製品や商品以上に、当該企業の独自のホスピタリティを生み出す努力や工夫が販売に大きく貢献しているともいえる。また、選択的消費の場合ではなおさらである。そのように考えれば、企業独自のホスピタリティに関連する諸事象の情報を開示しなくてはならないだろう。そうでなくては、投資家のみならず企業を取り巻くステイクホルダーに情報の非対称性という不具合を生じさせることにもなる。その際、貨幣評価の公準は果たして本当に会計公準であり得るのかという問題は解決済であるどころか、古くて新しい問題としてよみがえってくるのである。もちろん、複式簿記から導かれる財務諸表のみを会計情報と呼び、それ以外の情報は会計の範疇に属さないという考え方が

---

[3] ここでは、接遇やマナーなどをいかに向上させるかという問題に限らず、たとえ有形資産であっても、それが、ホスピタリティを生み出すホスピタリティ資材としての設備投資か否かということを問題にしている。もちろん、ホスピタリティは知的財産や無形資産とも関連する問題であるが、本書ではそうした観点とはまったく異なるアプローチをしている。

また、経営情報や会計情報を受け取る投資家やステイクホルダーという言い方をした場合に、ステイクホルダー(利害関係者)とは具体的に誰を指すのか、定まっている訳ではない。本書で指摘してる消費者・顧客は、言葉の羅列としては表出するが、会計上、まともに取り上げて議論している書は見当たらない。本書はその不自然さにアクセスするものである。

有力ではある。しかし、今日、統合報告書の公開などに見られるように、定性的な情報をも含む経営・会計情報が重要度を増してきたということを考え合わせると、あまりにも貨幣に囚われすぎることは上述したような新たな企業活動の問題発見を遅らせる要因ともなるだろう。

　また、定量的な観点からも、企業が、消費者や顧客の信頼を得るために、ホスピタリティの下支えをすることに対して金銭を出すという企業活動の変化を直視すれば、管理会計の重要性はいうに及ばず、財務会計ないし外部報告会計としてもホスピタリティについて検討しなければならない問題である。もっとも、ホスピタリティという語は、いまだサービスの概念と混同されたり、ホテル会計や病院会計のような特殊領域の概念であると思われていたり、いまだ日本の社会に根付いた言葉までには成長はしていないが、多くの企業がホスピタリティという考え方をマネジメントに応用しようとしてきている。近年、ホスピタリティに関する著作も多く出版され認知度を高めつつあり、ホスピタリティ・マネジメントという研究領域も生まれている。そうであれば、ホスピタリティ・アカウンティング（ホスピタリティ会計）という領域も成立するか否かということについて考察する必要性は充分にある。

2. 貨幣評価の公準と会計

2.1　貨幣評価の公準の意義

　「会計とは何か」という問題は、極めて曖昧かつ深遠な問題であり、多くの研究者が頭を悩ませている。しかし、財務会計もしくは財務諸表という言い方をした場合には、研究対象が「財務（おカネ）」に関する会計ということで特定される。つまり、金銭に関する会計ということであり、金銭のみには限定しない管理会計とは概念上は区別されることになる。会計とは企業の経済活動を本体（プリンシパル）とし、それを写像（サロゲイト）する行為であるとすると、少なくとも財務会計においては会計対象を貨幣（金額）の単位によって測定することは、紛れもなく公準であって、逆にそれがなければ財務会計が成立

第1章 ホスピタリティと会計
―貨幣評価の公準を巡る諸問題について―

しないことになる。いまだ環境会計が非財務諸表情報とされるのも直接的に金銭に関係しない情報を多く含むという側面があるからである。日本においても環境報告書を自発的に配布する企業が増えてきたが、いまだ CSR 活動の域を超えていないように思われる。

また、会計言語とは、一般に簿記言語と同義であり、仕訳（取引の二面性）のことを指している。財務会計の立場からは、一般に貨幣評価の公準は必要不可欠な論理ということになるが、非財務諸表情報を財務会計と管理会計をまたぐ問題であると捉え、会計を複式簿記の呪縛から解放し、経営管理に役立つ情報として有用な情報を作成し、経営者に伝達するという立場からすれば、貨幣評価の公準は必ずしも必要ではないと考えることもできるように思われる。

もっとも、本書では、ホスピタリティと会計について、主に外部報告会計（≒財務会計）の問題として取り上げている。というのも情報の非対称性を解消する策として、将来利益に関連する企業の経済活動の情報開示を促進するには、貨幣評価の公準が足かせになっている場合が多いからである。例えば、学校、病院、ホテル・旅館業、外食産業などの接客に関する報告書が何も提出されないとなると、ステイクホルダーとしては、貸借対照表や損益計算書、キャッシュ・フロー計算書などの財務諸表でしか当該企業の良し悪しを判断する以外ない。いかに黒字経営をし、自己資本比率が適正であっても患者の立場をないがしろにする病院や、ホスピタリティ精神のかけらもないホテル業や外食産業が事業を継続していくことはできないだろう。表向きの財務諸表が、公認会計士の監査を経ても、肝心の事業のあり方が見えていなければ、適切な投資の判断、適切な融資の判断を行うことなどできないはずである。消費者や顧客をないがしろにする集合体（＝企業）に発展性はない。中小企業でもまともなホスピタリティ精神を土台にすえて、事業に取り組む集合体（＝企業）は、いずれ消費者や顧客の賛同を得るはずである。財務会計が対象とするのは、上述のごとく金銭のみであって、経営者や従業員の心の問題などではないと批判をするのはたやすいことである。しかし、昨今、粉飾決算もさることながら人間不信、企業不信を抱かせるような不祥事が相次いでいる。そこには、消費者の立場をあま

2. 貨幣評価の公準と会計

りにも軽視し、企業側の売上中心主義、極端な利益極大化ないしは消費者軽視の一方的な合理化が蔓延しているのである。そのことが白日のもとに露見すると、当該企業は即座に破綻するか、再出発しなければならなくなるのである。そうであれば、表向きの財務諸表の数値は何の意味もなしておらず、公認会計士の監査にも不信感が生まれるのは自然なことである。いかに非財務諸表情報といえども、企業の盛衰を担う情報開示ともなれば、会計にまったく無関連ということにはならないように思われるのである。

ここでいう非財務諸表情報とは、「複式簿記をソースにして加工した情報以外の経営情報」という意味で用いているが、長谷川茂によれば、米国では投資家に有用な情報として時に財務諸表本体よりも非財務諸表情報の方が投資の意思決定に役立つケースが目立ってきていることが指摘されている[4]。非財務諸表情報の典型的な一例として、長谷川はSECに提出する書類、つまりレギュレーションS-Kの「Item 303 財政状態および経営成績の分析検討（Management's Discussion and Analysis of Financial Condition and Results of Operations' 略称 MD & A）」を取り上げて考察している[5]。MD & Aの意図は、「株式投資者が、財務諸表本体の数字と簡単な脚注だけで業績の内容を判断し、それを将来の業績予測に役立てるのには不充分なため、圧倒的に豊富な情報を持つ企業の経営者自身に、財務諸表の簡潔な解説を行わせるとともに、将来の見通しについても短期的・長期的分析情報を提供させ、情報不足で不利な株式投資者にも、情報の面では経営者と実質的に同等の目線に立って企業を判断する機会を与えようとするところにある（傍点、著者）[6]」とされている。MD & Aでは、流動性、固定資産関係支出と経営成績の内容という3つの領域が示唆されている。企業のホスピタリティがいかに経営に生かされているか否かとい

---

[4] 長谷川茂「非財務諸表情報と会計」『會計』第161巻第5号、森山書店、2002年5月、124-135ページ参照（注：引用文献は参考文献から除いている）。

[5] 同上、128ページ。

[6] 同上、129ページ。なお、長谷川は、MD & Aは会計的な色彩をもつものの、複式簿記に基づいて作成されていないので会計そのものの守備範囲に入らないだろうと述べている。

第1章 ホスピタリティと会計
―貨幣評価の公準を巡る諸問題について―

う情報開示の可能性を探ると、直接的には貨幣の受け払いではなく、企業内の人間関係、営業担当者と顧客の関係、さらには企業と投資家ならびにステイクホルダーの相互関係を改善しようとするMD＆Aの発想そのものがホスピタリティの精神に適ったものとなっているように思われる。

つまり、従来の会計の発想では、原型として貨幣の委託と受託という関係があり、受託者は受託責任を果たせばアカウンタビリティが解除されるという簡略な図式があったが、そこには受託者が一方的に財務諸表を委託者に開示するというサービスを行いさえすれば良いという社会的な行為しか問題にならなかった。委託者が会計の知識をもっているか、そしてどのような情報を求めているかということはお構いなしに会計行為が完結していたのである。貨幣評価の公準がなければ財務諸表が作成できないという計数管理の法則のみを問題としていたとするならば、貨幣評価による測定という側面を持ち上げすぎたために委託者の心理を無視する結果を導いたとも考えられるのである。ここでは、山本哲士のいう社会イズムが暗黙裡に働いてしまうのである。[7]

一事例をあげてみたい。午後8時がラストオーダーのカフェがあったとする。午後8時を過ぎると看板を下ろし、いかなる注文も受けることができないというのが、ここでのサービスの規則である。ラストオーダーを過ぎて、Aさんの注文は受けたが、Bさんの注文は受けないというのは不公平になるからでもあるが、従業員の業務時間を厳格に守るという意味合いもある。

---

[7] 山本哲士『ホスピタリティ原論』文化科学高等研究院出版局、2006年11月、75-157ページ参照。社会イズムとは、規範・規則に縛られて動きがとれないことである。ここでは、マニュアル化として理解しておきたい。

資金の受託者は委託者に対して、分配可能利益を示すために、財務諸表さえ出せば良いと考えるだろう。しかし、それは、会計を喫茶店のケースに置き換えると、喫茶店（＝会計）は、コーヒー（＝財務諸表）さえ出せば良いというマニュアル化の罠にはまっていると考えることもできる。ここでは、そうした意味で、会計のマニュアル化自体「鋳型にはまった写像」を再考するということと、そのうえで、企業のホスピタリティ情報を認識・測定し、どのように開示すべきか、2点が問題になると思われる。後者の問題については、財務諸表本体で捉えられるものと、非財務諸表情報でしか捉えられないものがある。まずは、会計学の観点から現在の企業活動のあり方をありのままに捉え直すことが肝要であると思われる。

しかし、その店は、高速道路のなかのカフェであったとする。あるドライバーがたまたまその店を見つけた時には、午後8時を過ぎていた。サービスのルールからすると、閉店間際に、いかにそのドライバーが、目をこすり、車の運転の眠気覚ましにコーヒーが飲みたいといっても、サービスの規則からするとコーヒーを飲むことはできない。しかし、実際には、厨房に行けば、いくらでもコーヒーを入れることはできるという状況であったとする。従業員も帰宅前に、残りのコーヒーを飲んで、車で帰宅するところであった。

それにもかかわらず、ウェイトレスやウェイターが、そのドライバーの状況や様子や顔色などを見ずに、「コーヒーは出せません」と断ったとしたらどうだろう。もちろん、断るケースも多々あると思われるが、そこでは、従業員は、お客様という人を見ずに、あくまでも勤務するカフェの規則に従っているだけであり、カフェ本来のお客様のもてなし、コーヒーを楽しく味わっていただくという目的が見失われているのではないだろうか。

このことを会計に当てはめて考えてみると、貨幣評価の公準という規則に忠実になればなるほど、会計情報を提供するという情報提供機能が上手く働かないということも、少なからずある。長らく、投資家ならびにステイクホルダー（利害関係者）をあえて遠回しに見ることで、複式簿記、原価主義会計を忠実に守ることにより、会計の体系を保持することはできた。[8] しかし、その結果、環境会計のごとく、企業活動の重要な情報が、情報の非対称性という点で抜け落ちていたのではないだろうか。

上述の「コーヒーを楽しく味わっていただく」というカフェ本来の意味を会計に置き換えると、ASOBAT（基礎的会計理論に関する報告書）は、投資家ならびにステイクホルダーに「企業の経済活動をよりよく理解していただく」という会計本来の意味を確認したものであったということもできるだろう。貨幣

---

[8] 現時点でも、財務会計は、債権者と株主の2者間の利害を考える会計として説明することは一般的な見方ではある。しかし、本書ではそれを再考しようと試みている。また、ここでは新たな企業活動の認識の問題にしているので、あえて時価主義会計などについては取り上げていない。

第1章 ホスピタリティと会計
―貨幣評価の公準を巡る諸問題について―

 評価の公準によって、現在の重要な企業活動がよりよく写像されないとすれば、貨幣評価を公準として位置づけるべきか否か、再検討しなければならない[9]。

 そもそも貨幣評価の公準は、ギルマンに由来するが、その後の会計公準においては疑義が生じている。新井清光の「会計公準論」によれば、過去においてベッドフォードやプリンスなどが「貨幣評価の公準」に拘泥せず、会計公準に非貨幣的要素を含むものとして考案していることが記述されている。つまり、ベッドフォードにおいては、会計固有の公準を必要的公準（necessary postulates）と捉え、経済活動を呼び起こす人間の本性（動機または欲求）を示す公準として指標的公準（guidance postulates）を新たに設けていることや、プリンスにおいては、非貨幣的尺度を含む動機的公準（postulates of motivation）を新たに設け、貨幣評価の公準を除外している点である[10]。動機的公準には、社会的地位や権力などの心理学的要素や、マーケット・シェア、技術革新、生産性などの経営的要素が含まれる[11]。情報の有用性という観点からすると、企業利益を生み出す要素は多方面にあり、投資家に対する情報提供の役割を担う会計は貨幣に限定せず、非財務諸表情報をも会計の範疇に入れるべきであるという考え方も成り立つ。

 しかしながら、新井は以上のようなベッドフォードやプリンスの公準を厳しく批判している。

---

[9] ホスピタリティ情報は、複式簿記を前提にした記録によって認識され得るものもあれば、複式簿記をまったく前提にしない非財務諸表情報で認識されるものもある。一般に、非財務諸表情報は会計外の問題とされているが、それぞれの守備範囲は異なるにせよ、非財務諸表情報も新たな会計認識の1つの枠組みとして取り上げるべきか否かを検討する時期にきているように思われる。その根拠としては、後述するように、昭和初期から中期にかけて「つくれば売れる」という企業活動から消費者に選ばれなければ売れないという、ホスピタリティを意識した企業活動への転換があるということである。非財務諸表情報のなかにも、企業活動のコアに関わるものと、周辺に位置するものがあるので、非財務諸表情報すべてを一般化することは会計の対象を捉えるという点で"重要な会計事象を見落とす"というリスクもある。

[10] T. R. Prince, Extention of The Boundaries of Accounting Theory, 1963.（田中さみ子訳『会計理論の拡大』中央経済社、1971年）参照。

[11] 新井清光『会計公準論（増補5版）』中央経済社、1991年、186-191ページ参照。

「このような『動機的公準』の内容は長期的利潤の極大化にあるとし、しかもそれは、貨幣的評価の対象とならない心理学的要素や社会学的要素をも含み、また多種多様な利潤測定の尺度を前提としていることは、たとえそれが会計理論の学問領域を拡大しようという意図にもとづくものであっても、会計学の理論を構成するためには、あまりにも非会計的であって、それはむしろ逆に会計学なるものの独自の境界または領域をきわめて曖昧なものとする思考方法であると考えざるをえない。[12]」

　さらに新井は、「長期的利潤を常に極大化することを会計の動機とみるプリンスの動機的公準は、管理会計の公準としてはともかく、財務会計の公準としては、会計の社会性や公共性を無視または軽視したものであると考えざるをえない[13]」と言い切っている。別言すると、貨幣評価の公準があるからこそ会計学（財務会計）が成り立つということになる。貨幣評価の公準を外せば、ありとあらゆるものが長期的利益を強大化する会計情報として無尽蔵に出される可能性が生じるからである。財務会計としての会計学を考えた場合、新井の指摘は至極当然のことであるように思われる。もっとも、ここでの新井の指摘は、会計対象が企業の経済活動であり、企業の経済活動はモノ・サービスと現金の交換という事象のみを記述する簿記言語のみを想定しているところからきているのである。

　つまり、企業の経済活動が複式簿記の仕訳として記録されることや、売り手と買い手とのモノの交換によって原価が測定され、財務会計の目的である分配可能利益が算定されるというかつての伝統的な会計観を基軸にしていることは否めないだろう。20世紀の企業の主たる経済活動はそうした会計観、経済観に支配されてきたので、このことを反省（省察）し、21世紀の会計観、経済観を模索する場合、こうしたペイトン・リトルトンに端を発する常識的な会計

---

[12] 新井清光、前掲書、190ページ。
[13] 同上、191ページ。

を見直す必要性がある。実際、観点は異なるにせよ、時価会計や減損会計など、新たな会計観の台頭により、伝統的な会計観を見直さなければならない時期にきている[14]。本書のテーマであるホスピタリティが企業の経済活動に重大な影響を及ぼしているという視点ないし情況を鑑みれば、もはや旧態のギルマンの会計公準（伝統的会計マニュアル）に暗黙裡に従うことは、実際の経済の活動を見ていないというリスクもあるのである。少なくとも、経営会計（財務会計と管理会計の統合）という観点からは、ベッドフォードやプリンスが、貨幣評価の公準を限定的に捉え会計の役割を新しく捉え直したことの意義は大きいといわざるをえない。企業の長期的利益の展望を予測することは、経営者のみならず投資家ならびにステイクホルダーに有益な情報をもたらし、企業の持続性を保つことになるからである。

2.2 財務会計と貨幣評価の公準

　ホスピタリティは、現在のところ、会計認識の対象とはなっていないが、本書ではそれを認識の対象として制度会計のなかに組み入れることを前提に考察している。会計認識の対象として主に取り上げるのは、第1に、G − W − G'の図式には表せない売上高増加要因や、設備投資のなかでもホスピタリティ財として認識されるものと、それとは無関連に機能しているものがあるということを峻別するという問題があること[15]、第2に、ホスピタリティにかかわる費

---

[14] 時価会計や減損会計も現行会計に導入される以前は、財務諸表外の情報という意味で、非財務諸表情報であった（長谷川茂、前掲書、125ページ参照）。

[15] 例えば、何がしかの同一の商品でも、ディスカウントストア、スーパー、百貨店などに置いた場合、その価格は異なるだろう。しかし消費者からすれば、単に価格だけが選択肢の要素となっている訳ではない。財布に優しいディスカウントストアを選択することもあれば、利便性の高いスーパーを選択することもある。また、高級感や優れたホスピタリティを求めて百貨店を選択することもあるだろう。企業としては、そうした消費者の選択肢に対応できる有形資産（倉庫のような店舗もしくは宮殿のような店舗）をもち、人財（セルフサービスもしくは接遇に長けた有能な店員）をそろえておかなくてはならない。例えば、高級マカロンで有名なラデュレのマカロンをディスカウントストアで販売しても高すぎて売れないだろう。高級マカロンを売るためには、フランス風のサロン・ド・テをつくるとか、シンデレラが

用を他の費用と区別して、勘定科目にあげることで費用対効果の会計情報を提示すること、第3に、経営者自身が自社の企業におけるホスピタリティをどのように捉え、情報開示すべきなのかということである。[16] この場合、経営者の理念や思想は主に定性的情報を含んでいる。そして最後に、消費者や顧客のための会計というものが可能であるとするならば、それはいかなる会計か、明らかにすることである。

しかし、環境会計もいまだ日本の会計において制度化に至らず、非制度会計として扱われており、発展途上にある。ホスピタリティの概念もまた、会計学の枠組みのなかに取り込んでいくためには新たに心と会計(貨幣評価に基づいた会計)の関わりを検討する分野を設けることが先決問題である。そうした意味でここではホスピタリティと会計の問題を、当面のところ、主に非制度会計としての構想として自由に考察したいと思う。

もっとも、将来的にホスピタリティという心のあり方の問題を制度会計の枠のなかに取り込んでいくことを視野に入れると、必ずしも貨幣数値に換算できない定性的情報が多く入ることが予測される。伝統的な会計観は公準の1つ

乗る馬車のような店舗をつくるなど、工夫が必要である。マカロンだけを売ろうとしてもマカロンは売れない。マカロン以上にそれを販売する環境が整わなくては売れないはずである。今日、ラデュレに限らず、一般の企業においても、製品や商品以上に、消費者や顧客が求める土台、すなわちホスピタリティ環境(居心地の良さを感じられる環境)を整える重要性が増してきている。

[16] 本書では、「サービス」は、製品や商品と同様に売り物として捉えている。サービスを会計上で可視化し、会計情報の提供に資することも会計上の重要な課題であるが、ここでは、財務会計上、まったく光が当たっていないホスピタリティに焦点を当てている。つまり、「サービス」を提供したり、製品や商品を販売する際、その土台として企業がいかにホスピタリティという環境を整備し、顧客対応をより良くすることに努めているか、その「いかに」というところが利益増幅のカギを握るものとして、会計上の認識対象として考察しようとするものである。その際、貨幣に置き換えることができる財務諸表情報と、貨幣に置き換えることができないナラティブ(物語的)な非財務諸表情報というものが想定できるが、そのいずれもが会計認識という観点からは、重要な情報ソースであることに着目している。そのため、本書では、まずはじめに、サービスとホスピタリティの概念上の違い、その次に、おもてなしとホスピタリティの概念上の違いを考察し、その3者が、よりよく識別されたかたちで会計報告されねばならないと考えるものである。

に貨幣評価の公準を採るのが一般的であるので、この公準の存否によってホスピタリティの会計情報が制度化されるか否かという問題が起こるのは必定である。もっとも、財務（おカネ）という言葉自体、貨幣を意味するにせよ、ホスピタリティと会計の関係を考えるにあたって、今一度、「貨幣評価の公準」が本来、必要な会計公準であるのか否かということについて検討することは、会計学にとって意義のある問題であると考える。

3. ホスピタリティとサービス

　日常用語としても、経営・会計の用語としても、従来より「サービス」という言葉が用いられており、いまさら、その意味内容を問うまでもなく一般的な言葉として定着している。会計においても用役ないし役務・サービスという語を使用する時は、対価をもらい、他者のために行う一方的な行為という意味で用いている。ホテルや不動産の賃貸であれば、ある一定の期間、部屋や事務所を利用する権利であったりする。前受家賃という勘定を説明する場合には、すでに金銭の授受はあるが、部屋ないし不動産などを金銭の支払者に対して当期以後に提供するサービスの債務があると言い方をするのは、そうした言葉の使い方から生じている。また、理髪店や美容院のハサミであれば、髪を「切る」という機能があり、「切る」というサービスの機能を購入しているともいえる。

　ところで、財務会計における用役（サービス）の扱いについて、笠井昭次は以下のように述べている。

　「今日、経済的財貨としては、一口に財・用役と言いならわされているが、そのうちの用役概念については、会計においては、必ずしも妥当な位置づけを与えられていない。すなわち、会計構造論においては、これまで（というより、現在に至るも）、貸借対照表が中心的な位置を占め、貸借対照表論という感覚で論じられてきた。そのため、会計上認識されるべき対象についても、この貸借対照表への計上能力と同一視されてきた。ストックというものの存在しない

用役概念には、言うまでもなく、こうした貸借対照表能力という意味での会計的実在性が欠如している。こうした事情のために、これまで財を中心に理論構築されており、用役は、ともすれば看過されがちであったのである。[17]」

　笠井の企業資本等式の会計思考に従うと、純理論的には、財のみならず用役（サービス）も貸借対照表能力をもつ仕訳をしなければならない。例えば、笠井は運送費××／現金××の仕訳の「運送用役は、いわゆる財と同じく、ひとつの経済的価値物として認められており、売買の対象にもなり得るのである。[18]」と記し、以下のように仕訳をすべきであるとしている。

　（a）［運送用役××／現金××］
　（b）［運送費××／運送用役］[19]

　このように仕訳をする理由としては、2点があげられる。まず第1は、運送費という既に費消されなくなってしまったものに対して現金を支出するという仕訳は、純理論的には妥当ではなく、経済的価値を有するサービス（この場合、運送用役）を取得することをまずもって表現しなければならないということである。第2は、「運送用役を費消し得るためには、その以前に、運送業者から運送用役を取得するという、市場（つまり外部）との関係を意味するプロセスが存在しなくてはならないからである。[20]」
　以上のように運送費をみると、純理論には運送をするというサービスがいわゆる財と同様に資産として認識される。つまり、笠井によれば、会計上、サービスは売買の対象として認識されていると解釈することもできるのである。し

---

[17]　笠井昭次『会計構造の論理』税務経理協会、1994年、343ページ。
[18]　同上、344ページ。
[19]　同上、345ページ。サービスは交換の公理で説明することはできても、ホスピタリティは交換の公理では説明できない。いまだ充分には経済的価値物としては認められておらず、直接的には売買の対象にならないからである。
[20]　同上、344ページ。

第1章 ホスピタリティと会計
―貨幣評価の公準を巡る諸問題について―

かしながら、現行の会計は用役(サービス)を中心とした会計理論の構築はなされていない。

またさらに、本書の視点からすると、企業が長期的に存続していくためのホスピタリティ情報を得るには、いかなる商品やサービスを売るかという交換を基軸にした概念では企業活動を充分に写像することができないように思われる。というのも、いかなる設備資産を投じ、いかなる費用をかけ、いかように収益が上がるか、短期的な利益を認識・測定するのは都合が良くても、長期的に事業が持続し、長期的な利益を獲得することができるかどうかという情報は何も得られないからである。つまり、この場合、運送費という勘定で、「運ぶ」という行為は会計上認識されても、サービスマンが荷物を運んだこと、ないしは運び方によって顧客の心を満たしたかというホスピタリティ情報は会計上何も認識されないのである[21]。

もっとも、会計は短期的な利益の認識・測定を主たる目標としており、長期的な事業の持続性については関与しないという見方もあるが、投資家やステイクホルダーなどが有用な情報を得るという観点からは、従来の交換を基軸にした経済観では情報の限界がある。それは、財務会計の会計学が企業の経済活動をもっぱら貨幣の運動とみる資本循環のなかで説明を試みてきたことにも関係

---

[21] 昨今、日本郵政、ヤマト運輸などの運送業が顧客心理を重要課題と捉えている点などがその事例にあたるだろう。つまり、従前は、「運ぶ」という行為に対する対価までが、経済事象であったが、「運び方」のさらなる利便性を考え、さらにまた、新たな創意工夫がなされるとしたら、顧客には料金は発生しないが、そこには、企業の新たな資金投下がなされていることだろう。例えば、セールスドライバーが笑顔で配達できるスキルを磨くホスピタリティ研修費用や、手渡しの心地良さを生み出すためのクレド(企業理念)の目録や個人手帳、心を和ませるロゴづくりなどにも資金はかかる。あるいはまた、アマゾンなどの配送業のように、ドローンで空輸するなど、「運び方」について、新たな配送方法を開発することなどは、ホスピタリティと関連のある経済事象といえよう。ここで重要なのは、こうした新たな諸々の経済行為を突き動かしているねっこが、ホスピタリティである点である。つまり、「運ぶ」というサービスにとどまらず、ホスピタリティの視点から業務を見直すと、いくらでも改善ないし競争力強化のための施策が考えられるのである。したがって、そうした場合、資金投下があると、財務諸表本体への記載も考えられ、必ずしも資金投下では表現できない場合には、「統合報告書」への記載などが、当面は考えられるだろう。

3. ホスピタリティとサービス

している。つまり、消費者はなぜモノやサービスを買うのかという問題意識を会計のなかに取り入れてこなかったからである。会計が対象とする企業の経済活動は、実際には、売り手と買い手との人間関係が深く売上に影響しているが、そうしたことを計数的に管理する方法が欠如していたために認識・測定の対象から除外されてきたのである。商品やサービスが長期的に交換される持続性を保つには、消費者の心理的満足度が高くなければならない。飲食店、ホテル、旅館などには必ずアンケート用紙が備えてある。経営者は、サービス向上のためにアンケートを利用する。しかし、売り手と買い手との関係は対等ではなく、一方的に売り手側の不備を正すことを目的としている場合が多い。モノやサービスを「売る」「買う」ことの心地良さ、信頼関係をつくることの重要性にはあまり着眼していないのである。会計上、用役ないしサービスは商品同様、それよって売上を得るものであり、それ以上でも以下でもないが、改めてサービスとは何かと問われると、様々な解釈を伴う多義的な言葉であることに気づく。そのなかの一例として、服部勝人によれば、サービスという言葉の語源に遡ると、主従関係がつきまとうということを指摘している。服部は、そのことについて、以下のように述べている。

「サービスにおける一時的主従関係は、顧客（customer）を主人（master）とみなし提供者（server）を従者（servant）とみなす相関関係である。それ故、顧客の購買における権利・要求に見合った義務・充足するサービスを提供するといった等価価値交換の概念が働く。そこには顧客のニーズ（needs）に即座に対応するように、迅速で無駄なく能率的に行われる合理主義が基盤となる。」[22]

---

[22] 服部勝人『ホスピタリティ・マネジメント学原論』丸善、2006 年、101 ページ。服部のサービスないしホスピタリティの定義は語源的アプローチに基づいている。
　本書では、研究のスタートとして、いったん、引用、借用しているが、本書では、語源的アプローチそのものも批判的に吟味したうえで、経営・会計におけるホスピタリティの意味を、同時進行で試案することになる。本書では、その問題を第 4 章で扱う。

第1章 ホスピタリティと会計
―貨幣評価の公準を巡る諸問題について―

　つまり、顧客が従者（企業）に支払った金額に対するサービスを基準にして等価交換をすることを目的にしているので、関係の継続性は見出せないのである。それに対してホスピタリティは付加価値として捉えることができるとしたうえで、服部は、以下のように述べている。

　「ホスピタリティの相互作用は、ゲストの期待通りまたはそれ以上の結果や意外性（unanticipated experience）を求める心情に満足し、再びそれを求める。つまり意外性から得た感喜や感動には、再びそれを得たいがために繰り返し求める反復効果（repeat effect）が働くからである。これはサービス産業以外の産業においても、リピーター（repeater）という顧客の存在を裏づけるものとして認識できる。つまり、相互間に共有意識が生じることを意味する。」[23]

　サービスという言葉は、多義的であるが、会計上、一方的に他者の欲求を満たすという行為という意味で用いることが多いのではないだろうか[24]。つまり、サービスマンは、顧客に対して所定のサービスを行い、それに対する対価を得

---

[23] 同上、103 ページ。
　ホスピタリティの成果として、必ずしもリピート率に反映されるわけではないという見方も成り立つが、その場合、ホスピタリティという語を、経営上の概念として用いているのか、人道上のいわゆる慈善的な意味合いにおいて用いているのかという点が、見解の相違の起点になろうかと思われる。本書で扱うホスピタリティは、あくまでも経営に役立つホスピタリティという新概念を基軸にしているので、まったくの慈善とは意味が異なる。そうした違いを明確にするためにも、その新概念としてのホスピタリティの意味ないし定義を定めなくてはならない。服部のホスピタリティの定義は、さしあたり、マネジメントを考えるうえでの重要な起点になっているように思われる。彼の考え方からすると、リピート率はホスピタリティの成果を測る尺度になるはずである。

[24] サービスを行う者とサービスを受ける者との間、つまり現場においては、相互作用がある。しかし、会計では、例えば、顧客が、一方的に東京から九州に行きたいと思うと、その欲求を満たしてくれた行為（飛行機や新幹線の運送行為）に対して対価を支払うので、その意味では一方向性ということになる。まさに、製品・商品の購入と同様である。

3. ホスピタリティとサービス

るという関係しかつくらないからである。それは服部がサービスの語源を指摘するように、その場限りの一時的な主従関係しかつくらないところからもきているように思われる。ホスピタリティという新しい概念ないし新語は、じわじわと21世紀の経済を見通すうえで、サービス概念に代替するキーワードとして次第に市民権を得てきているように思われるが、今のところ、確定した定義があるわけではない。複数の定義が散在する状況であるが、そのなかでも本書は、語源の観点から明確な定義を施している服部勝人の定義を参考にして、ホスピタリティと会計の関係を考えてみたいと思う[25]。服部は、ホスピタリティを「ホストとゲストが対等となるにふさわしい相関関係を築くための人倫[26]」として狭義の定義づけをしており、それは相互に高め合える関係であると捉えている。ここには主従の関係はない。そしてさらにこの狭義の定義を基礎とし、広義の定義を「人類が生命の尊厳を前提とした、個々の共同体もしくは国家の枠を超えた広い社会における、相互性の原理と多元的共創の原理からなる社会倫理[27]」としている。ホストとゲストが同等の立場に立つという対人的関係を築き、さらに国家の枠を超えた相互性の原理という「公共性の観点」を導き出している。

　このことを会計に照らし合わせれば、投資家ならびにステイクホルダーに対する企業経営者のアカウンタビリティ、企業経営の根幹である企業と顧客との相関関係の変化が予想できる。従来、伝統的アカウンタビリティの考え方にはホスピタリティの概念は些かも含まれていなかったように思われる。しかし今日、企業情報の開示は、インターネットの登場で急激に加速度を増して、丁寧で理解しやすい企業情報が公開されている。それに伴って、アカウンタビリティの概念も大きく変化してきたように思われる。つまり、狭義のアカウンタビリティに加えて、地域住民をはじめとする社会的アカウンタビリティへの広がり

---

[25] 服部の定義は、本書の第3章まで参照することとする。なお、第4章以降は別の角度からホスピタリティを考察している。
[26] 同上、107ページ。
[27] 同上、107ページ。

第1章 ホスピタリティと会計
—貨幣評価の公準を巡る諸問題について—

は、もともとのアカウンタビリティにホスピタリティが下支えするようになってきたとも受け取れる。本書では、このことを参考にして、第3章においては、消費者や顧客に対するアカンタビリティの拡充を考察している。

4. ホスピタリティと会計

4.1 ホスピタリティと会計の関係

　企業におけるホスピタリティに関する先行研究の1つには、例えば、イールド・マネジメントがあげられる。そこでは、キャパシティ支配下における収益最大化がテーマとなっている。それは、航空会社やホテル業のみならず、他業種のサービス産業にとっても重要な課題である。イールド・マネジメントは、顧客の価格に対する欲求の個人差を解消し、顧客の満足度を上げると同時に企業利益を最大化する点で、ホスピタリティ経営・会計の実践であるともいえる[28]。

　本書ではイールド・マネジメントを研究対象にするものではないが、さしあたり、機会損失の問題をホスピタリティの問題として共有して捉えている。財務会計の視点から、本章の第5節「ホスピタリティと損益計算書」の箇所で検討するように、機会損失について考察したいと思う。

　ホスピタリティと会計の関係を考える際、服部の定義、つまりホスピタリティ（他者に対する思いやり、顧客志向を汲み取る「相互性」）、サービス（一方的に他者の欲求に応対する「一方向性」）を基軸にして、外部報告会計との関わりでどのような意義があるのかを検討したい[29]。その際、ひとまず著者は、

---

[28] イールド・マネジメントが必ずしも収益最大化に資するという保証はないが、機会損失の問題を、初めて企業側と顧客（利用者）側の双方が納得できる方法で収益向上について考えたということは、相互性という観点からすれば、ホスピタリティ・マネジメントの萌芽とも受け取ることができる。

[29] 会計でいうところのサービスとは、顧客が要求する行為に対して対価を支払うことであり、服部の定義と大差はないと考えている。運送業であれば、運送することがサービスであり、ホテル業であれば、一定期間、部屋を提供することがサービスである。そこには、何らホスピタリティという概念は含まれていないし、伝統的

4. ホスピタリティと会計

　現在のところ、企業資本には3つの概念があることを想定しており、第4章以降で考察するように、ホスピタリティは資本の概念と深く関係していると考えている。そのための前置きとして、3つの資本概念の整理をしておきたいと思う。
　1つめは、いわゆる金融資本である。通常、会計でいうところの資本である。
　2つめは、自然資本である。企業は資本を元入れして事業を始める。そして、様々な資産を手に入れるが、そのなかでも土地、建物、機械などの資産は儲けを得るための資産ではあってもアスベストや違法建築、騒音などありとあらゆるマイナスの価値ももっているので、企業資産であると同時に自然資産を保有していることにもなる。このことは、今日の資産・負債概念を考えるうえでも重要な事項となってきており、環境会計にも連動していると思われる。また、企業が保有している建物（つくりもの）などはホスピタリティを生み出す重要な源泉となっている。例えば、あるホテルやカフェ（店舗）をつくるとする。その場合、ギリギリの費用に抑えるということも考えられるだろうし、場合によっては、ホスピタリティ（≒おもてなし）のための建築費用、備品費用として、くつろぎ、癒し、心の安らぎのために、＋αの建築費や諸費用がかかることもあるだろう。
　3つめに、人的資本である。企業は事業を進めるためには人財が必要である。特に、サービス産業の航空会社、ホテル業、外食産業では人財の良し悪しが企業利益に大きく影響する。一方、サービス業以外の業種についてはホスピタリティと無関連であるかのように思われがちであるが、服部が指摘するようにホスピタリティを必要とする業種は幅広い。そのなかでも、製造業などは、消費者や顧客に直に接することが少ないために、ホスピタリティと縁遠いようにも思われる。しかし、モノをつくるという先には、確実に消費者や顧客

な会計は、今日のようなホスピタリティ産業を想定していなかったので、もともと意図されていなかった。それゆえ、新たな企業活動としてホスピタリティが重要な働きをしているとすると、新たな本体を写像する試みは時代の流れともいえよう。
[30] 服部の一連の書ならびに種々のホスピタリティ関連のテキストにならい、人は代替のきかない財（たから）という意味で造語の人財を用いることにする。

第1章 ホスピタリティと会計
―貨幣評価の公準を巡る諸問題について―

がおり、需要を掘り起こすという意味で、ホスピタリティが常に求められている。消費者や顧客が子供や女性であったり、障害者や高齢者であったり、それぞれの立場の特殊事情を勘案しなければ、顧客志向を充分に満たせなくなってきているからである。例えば、将来の超高齢化社会という時代を読み取ると、高齢者が乗りやすい自動車、高齢者が使いやすい家電などの製造を促進する必要性があるだろう。そこには高齢者に対するホスピタリティがなくてはならない。このことは翻って、顧客満足であると同時に企業利益に資するものである。そうした意味で、ホスピタリティは至るところに関与し、人的資本に関わっているのである。企業サイドの一方的なサービスの押し売りや、企業サイドの一方的なモノづくりでは企業経営は行き詰まりを見せるのは必定である。企業経営者がいかに経営のなかでホスピタリティに関わり、どのような取り組みをしているかという情報開示は、金融資本を中心にした財務諸表本体に比肩するほど有用であるように思われる。人的資本については、主に知的財産の会計が会計の対象になっているが、現在のところ、企業内のホスピタリティ、企業外部（顧客、利害関係者など）とのホスピタリティなど、その違いについてはほとんど取り上げられていない。貨幣評価ないし財務データとして数値化することが困難であるということと、会計の対象としてなじまないのではないかという伝統的見解が、ホスピタリティを会計に取り入れることを躊躇させるのである。そして最大の難点は、ホスピタリティという言葉や概念が環境会計の「環境」ほどには一般的に理解されておらず、サービスとホスピタリティが混同されたり、サービス産業固有の概念であるという誤解もあるところである。また、顧客志向の一般的な調査としては、一方的なアンケートをすることで責任が解除されているかのような風潮がある。それはいまだプロダクト型会計、ファイナンス型会計という企業主体の伝統的会計が想定されているからでもある。企業利益は企業と顧客との共創（共に創るという意味）の相互性のなかから生まれるとすれば、そうした相互性こそに利益を生み出す源があり、経営者の説明責任が求められることになる。

　例えば、ハウステンボスであれば、今や単にオランダの街並みを見せるとい

うことでは集客できないし、ディズニーランドではミッキーマウスさえいれば集客できるというわけでもない。ハウステンボスは、もともと大人が楽しめるワイン型のホスピタリティを実践し、ディズニーランドでは主に若者に受ける手軽なコカ・コーラ型のホスピタリティを実践するところからスタートした。顧客は遠方からでもそこへ行けば気分が良くなるのでチケットを購入するのであるが、人の趣味嗜好は千差万別で、顧客の気分が良くなるようにするには、ホスピタリティという視点からの創意、工夫が常に不可欠である。

　また、顧客層によっても、ホスピタリティのあり方は異なる。顧客（ゲスト）の要望を取り入れるだけではサービスの域を超えるものではなく、ホストがゲストの期待を超える商品やサービスを持続的に開発していくには、人財養成もさることながら、顧客を受け入れる様々な環境が必要である。顧客は固定しているものではなく、常に変動し、新たなものを求めているので、発展性がなくてはならない。老舗の高級旅館にしても施設自体は変わらなくともホストとゲストとの関係は常に流動的であり、それを察知した投資を続けていかなければ経営を持続的に維持することはできないだろう。イールド・マネジメントが飛行機の空席やホテルの空室をなくし収益極大化を目指すマネジメントであるのに対して、ホスピタリティ固有の視点（＝居心地を良くすること）も重要である。つまり、経営者と従業員の関係、従業員と従業員との関係を良くし、社内の職場環境を良好に保つことでES（従業員満足度）を確保しつつ、従業員の顧客に対するホスピタリティをより良い実践へと導かなくてはならないということである。そうでなければ、真のリピート率ないし真の収益を確保することはできないだろう。企業としては、ホスピタリティを実践するためには、顧客セグメント分析や商品別損益計算書などの情報を通して、ホスピタリティをより良く改善していくための投資（ノウハウを手に入れること、研究プロジェクトをつくること、ホスピタリティを専門にする人財を確保すること、経営者・従業員のホスピタリティ教育・訓練に対する投資を継続することなど）をしていかなくてはならない。財務諸表においてホスピタリティ費用ないしホスピタリティ改善費用など、ホスピタリティという語を含む費用が計上されれば、経

第1章 ホスピタリティと会計
―貨幣評価の公準を巡る諸問題について―

営者のホスピタリティに対する投資や考え方を説明しなければならないことになる。例えば、従業員に対するホスピタリティ研修会を設けたり、人件費や消耗品費や運送費などの一般的な費用と、ホスピタリティに関連する費用を別枠で記載したりすれば、損益計算書の販売費及び一般管理費の費用項目や配列が変わる。あるいは、よりポジティブな費用として、接客する個々の従業員が商品のディスカウントやお客様への粗品などを、ある一定の金額の枠内で自由に決裁できる権限を与えその費用を織り込んでいくことなどが考えられる。[31] 少額のケースの場合、上司を通さずとも個々の従業員が速やかに決裁できる裁量などを広げるようなマネジメント上の工夫などは、ホスピタリティを具現化させる道筋を拓くことにもなるだろう。

　以上のようなホスピタリティに関連する費用を外部報告として会計のなかに取り込むのは、企業経営者に抵抗があることは予測できるにせよ、環境保全と同時にホスピタリティをいかに高めるような企業努力をしているかという情報は、投資家にならずとも多くのステイクホルダーに有益な情報として働く可能性がある。車を例にあげれば、いかに環境に配慮し、いかに個別の顧客に配慮しているか（例えば、高齢者が操作しやすい配慮をしているか、子供の安全を配慮しているかなど）を示すことは、当該企業の企業体質を知るうえでの重要な指標ともなる。

　これは単なる広報ではない。実際、顧客に対する配慮不足の企業体質が企業の不祥事や倒産に至るケースが後を絶たない。そうであれば、投資家ならびにステイクホルダーは財務諸表の数値とともにホスピタリティの情報が必要であるはずである。いかに黒字経営で資金も潤沢な企業であっても、ホスピタリティがまったく存在しない企業に投資をするのは公共的な観点からも問題があるからである。したがって、企業の経営者は、消費者や顧客の心理を読み解く、ホスピタリティに対する感受性が必要となるはずだろう。もっとも、ホス

---

[31] もっとも、日本の企業には、資金的余裕がなく、実際には困難であるには違いないが、少額の資金からスタートする権限移譲を検討することは今後の課題としては重要である。

ピタリティの大半は心の問題であるので、ホスピタリティに関連する費用が多ければ多いほどホスピタリティが行き届いているということにもならない。高級ホテルや高級品の販売店などでは、充分なサービスとそれ以上の感動や驚きを与えてくれるホスピタリティがなければ顧客の心を満たすことはできないだろう。

　しかし、反対に低価格のホテルや低価格の衣料品、セルフサービスのガソリンスタンドなどは、価格を下げることによって、財布に優しいホスピタリティを実現している。ただ、この場合、経営者がコストを下げ、損益計算書の利益を上げることにしか関心がない企業体質では消費者のニーズを掴むことは困難だろう。たとえ、低価格の旅館で人件費を下げたとしても、寝具の清潔さや、食事の衛生面は保持しなくてはならない。いくら低価格でも身体に害が及ぶのでは問題外である。衣料品やセルフサービスのガソリンスタンドにせよ、製品の品質は保持しなくてはならない。また、価格を下げるという点で典型的なのは、お茶やジュースなどの自動販売機の工夫である。これなどは接客のための人件費をなくし、商品の入れ替え、品質の保持が中心となる。人と人との関係は生じないが、顧客が飲みたい時にいつでも買って飲めるというホスピタリティを24時間、実現している。企業側とすれば、顧客のニーズを早期にフィードバックさせ、顧客が望む商品を並べると同時にそのニーズを超えるような驚きや感動を与える工夫が必要である。自動販売機といえども、待ち時間にビデオを流したり、コーヒーが冷めないように蓋をつけたり、当たりくじをつけてみたり、様々な工夫が試されている。こうした工夫も紛れもないホスピタリティである。高級品や格安品であれ、製品や商品の品質の保持は前提条件として、そのうえでサービスを豊かにするホスピタリティやサービスを最小限にとどめつつホスピタリィティを創造するという戦略的違いが生じる。

　ただ、ここでいうホスピタリィティは、顧客の快適性を満たすという意味のホスピタリィティである。したがって、逆のケースもある。例えば、ディズニーランドにはあえて自動販売機がない。自動販売機があると、ホストがゲストに飲み物を手渡するという心遣いができないので、あえて自動販売機を置か

ないということである。それゆえに、自動販売機を置かない環境をつくるというのも、ホスピタリティを生み出す考え方として成り立つ。ホスピタリティは、そうした意味で、常に工夫しつつ姿を変えるので、固定した捉え方をすることができない。

こうした経営戦略を表現するには定性的な情報を組み入れる必要がある。外部者から見れば、当該企業が自らの短期利益を出すために人件費などを削減しているのか、それとも顧客の要望やニーズを満たすためにしていることなのか、経営者自身が説明すべき問題であるからである。

4.2 サービス原価とホスピタリティ

サービス業のサービス原価は人件費に表れるが、その場合の原価は通常のサービス業務であり、ホスピタリティを写像することはできない。通信教育であれば添削業務にかかる人件費であり、レストランであれば調理や配膳、会計係にかかる人件費ということになる。つまり、いくらの人件費をかけていくらの売上が上がったかという枠組みで見ているのである。それに対してホスピタリティは、調理や配膳をする際の心のもてなしを指すのであり、類書に見られるように、サービスを超える感動をお客様（顧客）に与えたかどうかという概念であると、ひとまず捉えてみる。つまり、通常の会計の感覚からすれば、誰が調理をし、配膳をしようと、利益を最大にするためにはコスト（人件費）を下げることしか頭を働かすことはできない。A店、B店、C店といった複数の競合店があったとしても、競争の源泉は人件費の削減ないし効率性にあると考えざるを得ないのである。

しかしながら、ホスピタリティ産業は、お客様に対するホスピタリティないし顧客満足度を上げることによってさらに利益を最大化、事業の長期継続性を確保していくものである。テーマパークを例にとれば、顧客に対する諸々のサービス、例えば、園内の清掃や案内であったり、顧客の希望に応じるチケットの販売（例えば、ナイト割引、誕生日割引など）であったりする。

こうしたサービスは、1つのテーマパークが成功すると他のテーマパークも

4. ホスピタリティと会計

即座に取り入れることが可能である。

それに対して、お客様の個々の状況や要望に対して即座に対応できる職場の環境があるかどうかによって、ホスピタリティのあり方ないしリピート率は大きく変わることがある。

例えば、東京ディズニーランドのホスピタリティに関する逸話は数えきれないほどあるが、そのなかでも以下のような話はわかりやすい。交通事故で孫を亡くしたある老夫婦が、傷心のディズニーランドに訪れた。老夫婦は、孫の好きだったオムライスを注文した。ディズニーランドのレストランのある店員は、メニューにないものはお客様に出すことができないので断ったが、その様子を見ていた別のアルバイト店員が、メニューにないものは製品としては認められないのでお店で出してはいけないという一般的なルール（禁止事項）を破り、自分で厨房に入ってオムライスをつくって出したとのことである。そのことでその老夫婦にいい知れぬ喜びを与えたという話がある。それはマニュアルに基づかないホスピタリティというものを知るための1つの事例として知られている[32]。

ホスピタリティとは、一般的には、消費者や顧客に笑顔で感じ良く接するという程度に理解されていることが多いが、むしろいまだ発見されていない消費者や顧客の要望を新たに知るという点が大事な点である。上述の事例は、たわいもない事例として通り過ぎることもできるが、老夫婦の立場に立つことでご

---

[32] 日本ホスピタリティ・マネジメント学会第16回全国大会（於　長崎大学）2007年7月7日において、著者が本書を書くためのヒントを得た話である。この場合、これを機にオムライスをレストランの通常メニューに入れ、サービスの枠内に入れ込むことで不測の事態を解決できると考えるか、以後、再び発生するであろう不測の事態の対応の問題と考えるかによって、問題の捉え方が異なる。オムライスを定番メニューにすると、以後、このような問題があった場合は、対応可能となるので、ホスピタリティがサービス化されたと解釈することもできる。しかし、後日、老夫婦からハヤシライスを注文されたが、メニューにはないという同様かつ新たな問題が発生するかもしれないのである。そのように考えると、ここで問題になっているホスピタリティの正体は、メニューにオムライスがないという字義通りの意味ではなく、ホストの老夫婦に対する心遣いの問題であるということがわかってくる。このことを著者の造語で、オムライス・ホスピタリティとでも名付けておきたい。

くあたりまえのことが見えてくる。つまり、アルバイト店員があえて老夫婦のために職場の禁を破ることで、「お客様に喜んでいただける」ポイントを明らかにすることができたところにホスピタリティの本質が表れている。こうしたことはクレーム（不平・不満）の情報をいくら蓄積しても現場の問題点が見えてこない事例でもありえる。つまり、困っている人がいれば助けてあげるというあたりまえのことであるが、職業という枠のなかに置かれると、ルーティンワーク化して、少数者が困っている状況は見えなくなってしまうことが多いのである。

　東京ディズニーランドの成功（≒リピート率の上昇）は、上述のようなケースをマネジメントから捨象するのではなく、むしろホスピタリティを生み出すポイントを上手く生かしたところに鍵がある。ディズニーランドは、上述のホスピタリティを園内で様々な形で実現させることで、驚異のリピート率を確保することに成功した。ホスピタリティをビジネスチャンスと捉えたのである。ディズニーランドのホスピタリティ物語は数多く生まれたが、その1つの参考例として、レストラン自体が、お客様の対応を大きく変えた逸話を引用しておきたい。

　「あるご夫婦が、数年ぶりにディズニーランドに訪れた話です。実はその訪れた日は、一年前に亡くなった娘さんの誕生日であり命日でもあったそうです。娘さんは身体がとても弱かったために、生まれて間もなくこの世を去ってしまい、ご夫婦はお二人とも長い間、深い哀しみの底にいたそうです。そして、ディズニーに来るまでは『なんで、私達夫婦が助けてあげられなかったのか』『何一つ我が子にしてあげられなかった』そのことをずっと悔やんで生きてきたそうです。結局、子供が生まれてきたらディズニーランドに連れてきてあげたいというご夫婦の夢も果たすこともできませんでしたが、話しあった結果、娘さんの供養のためにディズニーへ足を運びました。そして昼食の時間になると、とあるレストランでかわいいお子様ランチを食べさせてあげようと思い注文をしました。

その際、本当は 8 歳以下でないと注文することができないそうだったのですが、お店の方に事情を話すと快く注文を聞いてもらえ、隣の 4 人掛けのテーブルにお子さん用のイスを準備して『3 名様、こちらにどうぞ』と案内されたのです。更にそのキャストさんは『本日はよくお越しくださいました。ご家族で楽しんでいってくださいね』と、まるで我が子がここに一緒にいるようにもてなしてくれた、いう感動的なエピソードです。思わず、ご夫婦のそのおもてなしに、涙が溢れてしまったそうですが、娘さんを亡くしてから初めて『親子3 人で遊んでいる』というものを味わうことができて、娘が生きていてくれたらこんな感じだったのかと幸せな時間だったそうです。」[33]

　マニュアル的なサービスを機械的に繰り返してみても、商品に特別な魅力でもない限り、顧客はいずれ飽きるだろう。上述の事例に則して考えてみても、顧客の立場に立った心の気遣いが必要であることがわかる。昨今、多くの企業や組織体は、顧客から選ばれるための要素としてこうした気遣いが極めて重要であるということに気づき始めている。伝統的な会計の視点からすれば、上述のレストランの事例では、メニューに記載されている飲食物などの販売は売上として記録され、それに対する現金・現金等価物もまた帳簿に記録されるので、財務諸表において認識・測定される。しかし、上述の、オムライスをつくったアルバイト店員の気遣いや、8 歳以下でないと注文できないお子様ランチを大人でも事情により注文できるようにする気遣いは、会計上の記録の対象とはならない。したがって、財務諸表ではなく、非財務諸表情報としてナラティブ（物語的）な記述を試みることは可能であるにしても、ホスピタリティを数値化すること自体が困難なのでたいていの場合は記載されない。つまり、消費者や顧客にいくら驚きや感動を与えたとしても、ホスピタリティ（この場合、心の気遣い）を会計の本体として捉え写像することができないのである。

　利益を生み出すには、製品・商品の満足度、サービスの満足度の他にホスピ

---

[33] http://careerpark.jp/21061（キャリアパーク！ニュース・話題リピート率 90% を誇るディズニーのホスピタリティ）2015 年 10 月 29 日取得。

第1章　ホスピタリティと会計
―貨幣評価の公準を巡る諸問題について―

タリティの満足度が寄与しているはずであるが、財務会計では、このうち企業におけるホスピタリティを＜本体＞として捉え、＜写像＞するという点がまったく看過されている。戦後から数えて、日本の経済の仕組みは大きく変化してきている。モノをつくり、それを販売して利潤を獲得するという図式は、古い昭和の時代には当てはまっても、現代の企業活動にはそのまま当てはまらなくなってきているのではないだろうか。もちろん、従前より、モノさえつくれば売れる訳でもなく、顧客の立場に立った接客や営業をしなければモノは売れないというのは、あたりまえすぎる話でもある。顧客満足度を高めるといった話の類は、今に始まったことではない。接客を良くする、感じ良くするという程度のレヴェルでは、財務諸表の注記程度で充分だろう。ここで、提起している問題はそのような小さな問題ではなく、企業活動のあり方そのものを根本的にホスピタリティ重視へとチェンジしていくことを前提にしている。企業の新たなホスピタリティ活動の息吹は、情報開示の主要なテーマとして取り上げられるべき時代にきているからである。現在、ディズニーランドにおけるホスピタリティの成功例にとどまらず、様々な業種の企業がホスピタリティを取り入れようとしている。それらの大半は、経営方針などの企業情報で見受けられる。しかし、ホスピタリティという企業活動を写像する方法は未開拓なままである。その足かせの大半は、貨幣評価の公準にあると思われる。井尻雄士も管理会計の『計数管理の基礎』という著書のなかで「現在の会計における基本的公理と考えられる貨幣的評価についても、将来の経営管理情報の内容を考えるとき、会計でとりあつかう情報を貨幣的に評価されたものに限ることはあまりにも狭すぎる」と記している。[34] この井尻の言葉とホスピタリティをすり合わせて考えると、会計が会計であるがゆえに、上述したようにチケット価格の多様性、ホテル業であれば客室料金の多様性、あるいは企業が雇用するサービス要員の人件費の縮小や削減といった貨幣数値にばかりに目がゆき、肝心のホスピタリティは枠外に放てきされているということにもなるのである。井尻の言葉

---

[34] 井尻雄士『計数管理の基礎』岩波書店、1970年、142ページ。

4. ホスピタリティと会計

によれば、少なくとも管理会計のなかでは、ホスピタリティを写像の対象として取り入れる土壌はあると思われる。

一方、財務会計の領域で即座に貨幣評価の公準を会計公準から除外するという考え方には否定的な見方が多いが、国際的にも企業が社会的責任を負い、企業価値にも関わる論点であることを考慮すると、改めて会計の枠組みのなかで、再考されるべき問題となっているように思われる。

また、ホスピタリティを企業活動ないし外部報告会計と連動させて考えた場合、会計処理としては個々の企業のホスピタリティ向上におけるリピート率上昇、あるいは下降（つまり、失敗）が明らかになる財務諸表の作成を工夫することができないか模索することと、企業経営者が自社のホスピタリティをいかに実践しようとしているか、成果が上がったのか否かなど、説明する責任を負うということを明示するためには、新たな「統合報告」という情報開示のなかに掲載したり、ホスピタリティ報告書を有価証券報告書のなかに織り込んでいくことなどが考えられる[35]。通常、サービス業の経営者が行う報告は、人件費の問題、不採算部門の整理、採算部門への拡張、および新しい製品の導入が主なポイントになっており、肝心のホスピタリティについては何ら報告されていない、あるいは漠然としか説明されていない。そうした実情を鑑みると、現在の企業活動のうち、最も重要な報告事項を捨象しているということにもなる。つまり、製品の製造費用や人件費を縮小することに成功したとしても、そのことによってホスピタリティが欠如していくようであれば、顧客離れが生じ、長期的な利益や企業の継続性を維持するのは困難にもなるからである。今日、世界的規模での経済不況にあって、利益獲得は最大の目標であり、目前の利益を追随することになりがちである。国際的な企業になればなるほど、消費者・顧客の信頼を損ねる製品の販売やサービスの

---

[35] ホスピタリティ報告書の形式と内容は今後の課題である。ここではさしずめ、ホスピタリティ関連費用とその便益の定量的情報と、経営者がホスピタリティについてどのような認識をもち、経営に活かしているかという定性的情報を含むものであると想定している。

提供をいったん行ってしまうと、汚れた企業として、企業存亡の危機に立たされることにもなりかねない。ホスピタリティを追求していくという行為は、極めて困難な道のりであるにしても、消費者・顧客の信頼を得るという意味では、企業活動の大きな羅針盤となっている。

5. ホスピタリティと損益計算書

　有形の物品を販売する場合には、複式簿記において製品・商品として記録され、当期において販売したものを売上原価、当期に販売に至らず翌期に繰り越す商品を繰越商品として仕訳をし、それぞれ損益計算書と貸借対照表に認識・測定・表示することになる。しかし、無形のサービスを提供する場合には、物品販売と同様の効果があったとしてもそれを認識・測定・表示をしない。つまり、有形財では財務諸表の数値を示すことができるが、無形財ではそれを認識・測定する手段がないので、会計情報としての数値にならないということである。

　例えば、レストランの場合は、飲食物の提供が主たる販売物であり、その仕入原価は記載されるが、飲食物を顧客に提供する際のサービスのデータ（例えば、ウェイターが顧客にどのようなサービスをしたかなど）はまったく認識されず、もっぱら人件費などのなかに埋没してしまうのである。また、ホテル業や航空会社の場合も、宿泊施設・航空機に関わる諸費用や減価償却費は認識・測定されても、サービスの中身の情報（ホテルマンや客室乗務員のサービス）はまったく認識・測定されない。サービスという言葉は多義的であり、会計に絞ってみれば、サービスの本体（pricipal）は、ホテル業の場合は顧客との契約により部屋を一定期間提供することであり、航空会社の場合は顧客との契約により顧客を輸送することになり、ここでは部屋の提供や輸送それ自体を指す。製品や商品と同様に、対価のあるものを用役ないし役務（サービス）と呼んでいるにすぎない。その際、接客の良し悪し（いわゆる日常用語でいうサービス）が契約成立の鍵を握ることにもなるが、あくまでも飲食物やホテルの部

屋、顧客の輸送という有形・無形の財を提供している客観的事実に限定されている。それに対して、日常用語でいうサービスは、顧客に対して愛想が良いことであったり、無料でお茶菓子などを出したりと、会計でいうところのサービスとは別に、実に様々な意味合いで使われている。[36]

　前述したように、サービス業の場合は、売上と諸経費を対応させることにより損益の状態を表示することにとどまる。昭和の初期より、企業会計の会計理論は製造業を中心に理屈建てがなされているが、今日の企業の大半はサービス業で占められている。それにもかかわらず、サービス業の会計の理論は充分に取り上げられていないのである。したがって、投資家ならびにステイクホルダーは、会計でいうところのサービスはおろか、日常用語でいうサービス自体はほとんど知ることはできない。ホテル業や航空会社などのサービス産業の場合は、物品販売業のように売上原価と売上という費用収益の対応をダイレクトに数字にして見ることもできない。製品や商品の棚卸減耗損や評価損などのように、サービス減耗損や評価損という勘定を目にすることはない。しかし、それは表示されないだけであって、実際には存在するのだろう。サービス業にはサービス業固有の会計情報があるはずであるが、財務諸表本体に何ら表示されないのである。また、企業活動の一環としてのホスピタリティについては、物品販売であれサービス業であれ、収益力向上の源泉をもっている場合もあるはずであるが、目下のところ、財務諸表本体には何ら表示されないのである。とあるホテルの極めて単純なケースを以下に示して、それでも何らかの方策がないか、若干の模索をしてみたい。

　宿泊施設として10部屋を保有しており、1日あたりの宿泊代金が1万円であるとする。1年中満室だとすると、売上は365日×1万円×10部屋＝3,650万円である。しかし、通常の会計処理では、実際に宿泊者がいて、室料を受け取り、売上として認識されるが、機会損失についてはまったく認識・測定されないのである。

---

[36] ホスピタリティが、サービスという言葉で表現されていることも多々ある。

第1章 ホスピタリティと会計
―貨幣評価の公準を巡る諸問題について―

　毎日5部屋のみ宿泊があった場合の売上は、365日×1万円×5部屋＝1,825万円であり、諸経費XXXを差し引くと利益αが出る。通常は、このように会計処理をするはずであるが、このホテルは、消費者・顧客から支持を受けているかどうか、ホスピタリティが行き届いているのかどうか、垣間見ることもできない。それに対して、宿泊部門の個別の損益計算書の費用に機会損失を組み入れると、宿泊部門の空室が全体の半分もあることが明瞭にわかるのである。つまり、この場合の機会損失は、365日×1万円×5部屋＝1,825万円となり、諸経費XXXは変わらず、満室になったと仮定とした場合の売上3,650万円からその諸経費XXXと機会損失1,825万円を差し引くと、利益αとなる。機会損失を組み入れようと組み入れまいと、利益α自体は同一であるが、以下のように、会計情報の開示としては異なったものとなる。

P／L①

諸 経 費	XXX	売 上	3,650 [37]
機 会 損 失	1,825		

　もっとも、このように、すべての客室が満室となることを仮定した、見込みや予想の売上を認識しないのは、仮定の収益を認識することが会計上認められないことによるけれども、少なくともここではあえて、すべての客室が満室になった場合の売上を認識することにより、宿泊部門のおよそ50％が空室状態であることがわかる。売上に対する評価勘定として費用・収益の対応表示をすることにより、稼働率が50％であるという会計情報を提示することができる。それに対して、通常の仕訳では宿泊部門がすべて満室であったのか否かという情報は伝わらない。本来、獲得し得る利益を逃しているとすれば、そこには

---

[37] ここでの売上は、1年間、満室であった場合の収益を指している。1年間、客足が途切れることがないホテルというものがあったとするならば、営業開始時点で満室の売上を想定することができる。この場合の収益を、見込みの収益という意味で、一種の発生主義とも捉えることができよう。狭義の実現主義では、1,825万円と記載されるのみで機会損失1,825万円は表現されない。

5. ホスピタリティと損益計算書

ホスピタリティが充分に発揮されていないのではないかという問題点が示される[38]。

　もちろん、すべての部屋を満室にしなくともお正月、ゴールデンウィーク、お盆などの特定期間の価格設定を変えることにより宿泊部門全体の採算がとれれば良いのであるが、そうした売上代金（宿泊代金）の変動などを合算すると、ホスピタリティや顧客満足度が不明瞭になるので、何らかの形で、それらを知ることができる会計情報は必要である。なお、ここでは、空席や空室が少ない状態を広い意味でホスピタリティ度数（快適性）が高いという前提で捉えている。商品の販売であれば、仕入れた商品のうちどれだけの数の商品が売れ、どれだけの数の商品が売れ残ったのかという数値が残るが、サービス業においてそれに相当する会計情報は、何も得られないのである。飲食業界において度々、賞味期限切れの食材が用いられたり、食材の管理の不正が後を絶たないのは、記録システムの不在という点で、会計にも責任があるかもしれない[39]。

　したがって、この場合、経営者の立場に立って考えると、業として成り立っているのかを知るという意味では、単なる営業の利益率だけではなく、稼働率を示す損益計算書は必要であり、外部報告からしても、企業の顧客に対するホスピタリティの度合いを数値として把握するためにも、こうした変形の損益計算書を考案することは有益であるように思われる。上述の事例Ｐ／Ｌ①で、諸経費が825万円で利益が1,000万円であったとしても機会損失が1,825万円であれば、利益を出すことに成功していても稼働率が50％以下なので、ホスピタリティ度数は極めて低い状態であると判断することができる。つまり、いくら諸経費を下げて利益を捻出したとしても機会損失は減らないのである。

　宿泊者を増加させるという意味でのホスピタリティ度数を改善するためには、ホスピタリティを向上させるための固有の費用を拠出しなければならない。

---

[38] ここでは、会計の側から、積極的に経営上の問題を指摘し働きかけるという、会計と経営のつながりを見ることができる。
[39] 賞味期限の会計については、西澤健次『「功名が辻」に学ぶヨメの会計学』洋泉社、2005年、131-132ページ参照。

第1章 ホスピタリティと会計
―貨幣評価の公準を巡る諸問題について―

　そこで、費用の性質に限定して分類すると、人件費や光熱費などの通常の諸費用とホスピタリティ改善費用、そして機会損失を明示する3分割の営業費用一覧を作成すべきである。例えば、人件費や消耗品費、運送費などの通常の営業費用として合算されるものは、ホスピタリティの観点からすればホスピタリティ（快適性）を高める目的で拠出した費用もあるはずである。例えば、ホスピタリティを学ぶ研修費用、おもてなしに供する花や生演奏の音楽、顧客の無料送迎などの費用と、サービス業であっても、いわゆる製品や商品を販売する時に随伴する一般の費用とを分けることによって、当該企業のホスピタリティを数値として把握することが可能となる。もちろん、ホスピタリティ改善費用が高ければ高いほどホスピタリティ度数が高いということにはならないし、ホスピタリティ改善費用に多額の資金を投じてみても必ずしもリピート率が高くなるとは限らない。ホスピタリティは、金銭的な問題以上に、顧客や従業員の心の問題が大きく関わっているからである。おカネをかければかけるほど、より良いホスピタリティが生まれるという確証もあるわけではないが、経営者や従業員のホスピタリティに対する意識を高めることができれば、より良いホスピタリティが生まれる可能性も高くなるということはあるだろう。あるいは、間違ったホスピタリティの解釈によって、無駄な投資をしたり、顧客の機嫌を損ねる場合もある。したがって、上述のようなケースにおいて機会損失があったとしても、ホスピタリティに対する意識が高く、的を得た対処が可能であれば、経営が改善されていく見込みがあることになる。逆に、それがなければ、いくら資金を保有していても機会損失改善への資金の使い道がわからないということになる。したがって、投資家や顧客を含むステイクホルダーとしては、当該企業がいかなるホスピタリティに取り組んでいるのか、少なくとも何らかの情報が開示されなくてはならない。

　ホスピタリティに対する動機づけ、意識を高めるという点では、数ある企業のなかでも、特にザ・リッツ・カールトンやジョンソン・エンド・ジョンソンのクレドが有名である。クレドとは、ラテン語でキリスト教の信条のことであるが、企業におけるクレドとは、ありていにいえば、従業員の仕事に対する

6. モチベーションと会計
―貨幣評価の公準の代替性―

心がけのことである。大辞林（第三版）によれば「企業経営において，経営者や従業員が意思決定や行動の拠り所にする基本指針」のことであるとされている[40]。企業がいかに崇高な信条や志をもっているか、あるいは従業員がいかに仕事に取り組んでいるかという情報は、収益のソース（源泉）を知るために有用な情報となるはずである。例えば、高級ホテルでは、高価な調度品や絵画を購入し、有能な人財をそろえるために資金を惜しまないだろう。逆に、安価なホテルでは、廃棄処分にしてもよさそうな家具をいつまでも使い回し、さらに食材や人件費を削る節約志向を捨てることはできないだろう。したがって、高級ホテルと安価なホテルとを単純に比較することはできない。リピート率の低い宿泊施設が、浴場や部屋の壁、畳、洗面具、トイレなどを補修していたとしても、それはありふれた情報であり、ホスピタリティに関する情報としては充分な情報ではないことも多いが、実際のところはわからない。逆に、高級ホテルが、そうした改修工事をするとなると、新たなホスピタリティの着手として、ホスピタリティに関する情報としては有用な情報である場合も多いが、それもまた、無駄な拠出なのか否か、数値だけでは把握しがたい。したがって、ホスピタリティに関連する諸費用の開示を検討するにしても、他企業との比較可能性という点で、高級であれ、安価であれ、企業がホスピタリティに対して取り組んでいる姿勢を判断する材料にならなければ意味がないのであって、その本気度を知るためには、ホスピタリティ企業のクレドのように、本物志向のホスピタリティの取り組みを言葉でも説明しなくてはならない。そうした定性的情報ないし記述情報の開示は、ホスピタリティの定量的情報以上に、今後、ますます重要になるものと思われる。

---

[40] 『大辞林（第三版）』三省堂、2006年（第二版においては、マネジメントにおけるクレドの意味は記載されていない）。

6. モチベーションと会計
　―貨幣評価の公準の代替性―

　企業の経済活動が持続可能か否かという情報のソースとして、短期的な利益の情報や財産のフローやストックのみでは不充分な時代にきている。製品や商品を販売し、その品質を高めるということは当然の条件として、企業間の競争原理の１つにホスピタリティはますます重要な要素になってきている。財やサービスの満足から心の満足へと移りつつある。

　投資家ならびにステイクホルダーにおいても経営のサスティナビリティ（持続可能性）を判断するためには、当該企業がどのようなホスピタリティを実践しているか、また経営者がそれを熟知しているかということを知る必要がある。今日、顧客は多くの情報ツールによって情報収集に余念がなく、多くの財やサービスを享受し、経験を重ねることにより企業のホスピタリティ（心の満足）に対しては厳しい目をもってきている。

　貨幣評価の公準は、企業の経済活動を貨幣によって認識・測定する公準であり、定量情報を与えてくれるのであるが、経営者が顧客に対してどのようなホスピタリティを実践しているのかを明らかにはしてくれないのである。経営者と顧客、経営者と従業員、従業員と顧客、従業員と従業員という相互の関係を悪化させないという受身の発想ではなく、むしろサービスを超える驚きと感動のホスピタリティを生み出すためには、ヒトをそれに向かって突き動かすような強いモチベーションが必要である。経営者は、そのモチベーションを上げる工夫をしなければならない。会計の側は、そうした経営者の戦略的思考を表現するツールをもつべきである。消費者・顧客の都合や心理状態を一切考えることなく、ただ単にコストを下げて製品の単価を操作して利益を追求する企業（性悪説型企業と一応は呼んでおきたい）と、企業と消費者・顧客との相互的なコミュニケーションをとりつつ、企業活動にホスピタリティという付加価値をつける企業（性善説型企業と一応は呼んでおきたい）ではどちらが持続的に成長するか、そういう判断材料を会計が提供すべき時代にきているように思われ

る。[41]

　まず第1に、制度の枠のなかでホスピタリティに関する費用を計上していくことと、[42]第2に、ホスピタリティに関する企業の姿勢を説明する報告書を追加していくことを検討すべきである。ただし、現在は、以上のような試みは白紙の状態であるので試案のレヴェルであるが、将来的には制度会計のなかに組み入れることを念頭に置くと、貨幣とは相反するホスピタリティの定性的情報の位置づけが問題となるだろう。そうした場合、自明の理と思われてきた貨幣評価の公準も、本来、必要な会計公準であるのかどうか、さらに検討する必要があるように思われる。

7. おわりに

　現在、ホスピタリティという概念は、サービス産業を中心に普及し、少しずつ市民権を得てきたように思われる。家族・学校・企業・地方自治体・非営利組織体・国家、さらには地球規模で、ありとあらゆる場面においてホスピタリティが生きているのであるが、特に今まで、企業のマネジメントの分野においてホスピタリティを組み入れるという考え方は乏しかった。しかし、今日の企業の繁栄を総覧すると、顧客を無視した一方的なサービスをするという行為は、行き止まり感が漂っている。

　というのも、顧客ないし消費者の製品・商品に対する知識や要望は従業員以上に高まり、企業側の一方的なサービスを押し付ける方法では顧客を満足させ

---

[41] 性悪説型企業と性善説型企業とは、著者の造語であり、これら以外の企業タイプや様々なパターンがある。ここでは、一例をあげているにすぎない。

[42] 例えば、ホスピタリティ研修を行った場合、ホスピタリティに関連する費用として計上することができる。ホスピタリティ研修を行ったとしても、ホスピタリティは偶然に生じる性質のものであり、その実現を保証するものではないが、企業のホスピタリティに対する姿勢を見ることはできるだろう。また、もう1つの事例として、1本のバラを購入したとしよう。通常、消耗品で処理されてしまうが、企業がそれによってホスピタリティを実現させたいという意図で購入したならば、実現するか否かを問わず、ホスピタリティ関連費用として認識すべきだろう。

ることが難しくなってきたからである。もちろん、サービスという概念が死語になったわけではないが、より良いサービスを提供するためにも、顧客の個人的要望ないし個人差を最大限に満たす概念として、ホスピタリティが必要になってきている。人と人との関係を良くするということは、従来より道徳や慣習といった類に任されてきたので、それをあえてマネジメントするという試みが欠如していたのである。企業側からすれば、顧客に提供する製品・商品のコストを下げれば利益が増加するが、欠陥商品を堂々と売るという社会的風潮は企業破綻の温床ともなっている。企業内部において不正を犯さない体制を整えるということも重要である。人は心ならずも、不正を犯してしまう場合もあるが、生まれながらにして消費者・顧客と共存共栄しようとする心の温かさももっている。ただ単にコストにだけ着目するのは近視眼すぎる。ホスピタリティによる製品開発を試みるということは、短期的利益ではなく、顧客に本物のサービスを提供していくことにつながるのである。

　会計は、そうした無形の資産を認識・測定してこなかった。企業活動の持続可能性を維持していくためには、ただ単に顧客に対するアンケートを収集して経営を改善するというレヴェルにとどまるのではなく、ホスピタリティを経営や会計の側から数値化できるものはその数値化の方法を検討し、数値化できないものについても何らかの形で、その報告の仕方・方法を会計のなかで取り上げるべきである。

　外部報告にホスピタリティの情報を組み入れれば、経営者が自社のホスピタリティについて説明責任を負うことになり、強い認識と自覚をもつことになる。長期的に利益が上がらず低迷していた場合、製品や商品の販売不振にあると判断するが、ホスピタリティに対する認識が不足ないし欠落しているところに起因していることもあるのである。今日、学校・病院・地方自治体・営利企業など様々な分野でホスピタリティの改善に努めている。したがって、ホスピタリティを経営や会計の視点から捉えることで、不用意な企業破綻を予防し、さらなる成長を促す道筋があるように思われる。

参考文献

AAA, A Statement of Basic Accounting Theory, 1966.（飯野利夫［訳］『基礎的会計理論』国元書房、1969 年）

Ijiri Youji, The Foundations of Accounting Measurement: A Mathematical, Economic, and Behavioral Inquiry. Printice-Hall, Englewood Cliffs, New Jersey, U.S.A, 1967.（井尻雄士『会計測定の基礎』東洋経済新報社、1968 年）

FASB "Statements of Financial Accounting Concepts No.1, No.2, No.4, No.5, No.6, 1991/92 Edition.（平松一夫、広瀬義州訳『FASB 財務会計の諸概念』中央経済社、1994 年）

青木章通「対人的サービス産業における管理会計情報の有用性」『會計』第171巻2月号第2号、2007 年、30-45 ページ。

岡本清・廣本敏郎他『管理会計』中央経済社、2003 年。

櫻井通晴『管理会計（第三版）』、同文舘出版、2004 年。

柴田英樹・梨岡英理子『進化する環境会計』中央経済社、2006 年。

ダニエル・ゴールマン（土屋京子訳）『EQ こころの知能指数』講談社、1996 年。

林田正光『ホスピタリティの教科書』あさ出版社、2006 年。

林田正光『リッツ・カールトンで学んだ仕事でいちばん大事なこと』あさ出版社、2006 年。

第 2 章

財務報告とホスピタリティ

1. はじめに

　会計学（財務会計）は企業の経済活動を写像し、当該企業がいかなる活動をしているかということを投資家ならびにステイクホルダーに伝達することである。そこで、第1章で示したように、近代から今日に至る会計は、貨幣評価によって測定される財や用役を認識し、定量化できる数値のみを対象としてきた。しかし、企業利益に影響を与える要因は多岐にわたっており、必ずしも定量化できる情報とは限らない。そのなかでも、例えば、地球温暖化の防止などは、企業が自ずと何らかの対策をとらなければならない事態に立ち至ってきている。それにもかかわらず、企業ないし会計は企業の経済活動の写像にのみ専心することで地球環境の汚染については枠外に置いてきた。その要因は主に2点ある。1つは、企業の経済活動と環境という概念上の齟齬であり、もう1つは、会計情報の提供という点で、財務会計における貨幣評価の公準を逸脱するという点である。[1] しかし、企業といえども社会的責任はあるので、そのような難

---

[1] 財務会計の問題として捉えた場合、貨幣評価の公準（金額表示）に収まりきれない定性的情報をどのように受け止めるかという問題がある。環境会計の第一人者、グレイ（Rob H. Gray）のように貨幣評価の公準にこだわらず、環境を認識するという立場もあれば、あくまでも金額表示の問題として財務諸表本体に計上することを考える志向性もある。本書で問題としているホスピタリティも不可知な対象であるので、金額換算を行う会計とは相容れない場合も生じる。そうした意味で、環境会計の歩みとよく似ている。

点を乗り越え、外部報告の１つに取り込んでいかなくてはならない。現代の企業では、いわゆる制度会計に加えて環境会計の導入が増えてきている。2015年の日本ではいまだ環境会計は制度化されていないが、IR活動やCSRなどにおいて任意に組み入れる企業が増加している。環境会計は、企業と地球の関係（生命体の維持）を問題にする。それに対して本書では、人と人とのより良い関係づくりを問題にするホスピタリティに関する会計を取り上げたい。今日、製品や商品の品質のレヴェルは高度化したが、顧客にそれを販売するためには顧客に心から満足していただくという真心がなければならない。日本では、企業・地方自治体・病院・学校と、ありとあらゆる場所において、接客サービスのアンケートを取り、業務向上の材料にしているという社会現象が起きている。つまり、消費者や顧客の生活レヴェルは向上し、製品や商品に対する知識も増してきたので、消費者・顧客は、よりレヴェルの高い心の満足度を求めるようになってきているということである。つまり、昭和初期より今日に至るまで、日本は製造業中心に発展し、大量生産・大量消費という構図のなかで、消費者・顧客は一元的な者（単にモノを買う人）として認識され、製品・商品は画一化されていたように思われる。しかし、現代においては、次第に今日の消費者・顧客の製品や商品に対する欲求や好みはそれぞれ異なっていることが明らかになってきた。しかし、企業は今日まで、製品・商品・サービスの提供に際して、製造から販売に至るまでの流れをどれほど透明化してきたといえるだろうか。企業側は、消費者・顧客の個人差を最大限に取り上げるという思考が未開拓ともいえるほど未熟であったのではなかろうか。電化製品を１つとってみても、超高齢者・高齢者、壮年、中年、青年、青少年という年齢の相違、男女という性別の相違、あるいは健常な人と障害のある人ではその需要のあり方が異なる。超高齢化社会において若者が好む製品・商品・サービスだけを供給しているとしたら儲けにならない場合も多々ある。これは、財貨（主に製品や商品）にまつわるホスピタリティ（使い勝手の良さ）である[2]。また、サービス業であれば、

---

[2] 製品を製造する場合、生産者の立場からのみ企画・製造を行うと、消費者の需要の個人差を拾い上げることできないというデメリットがあった。それに対して、消

1. はじめに

　特に従業員と顧客が相対する仕事となるので、個々の顧客が置かれている立場や生活の状況、健康状態を勘案したうえで、顧客の様々な需要に対応できるサービスが望まれる。しかしながら、たいていの企業は経営の効率を図るために一元的なサービスを提供しているのが現況である。したがって、サービスの品質を向上させるための工夫は、潜在的に眠っていることだろう。

　ある小売業（ハンバーガーチェーンやレストラン）の店舗の事例をあげてみたい。経営管理者は、棚卸資産の回転率を上げて、早期に資金を回収し、利潤を得ることを考えているだろう。しかし、回転率のことばかり考えていては、売りさばく作業にのみ囚われ、店内における顧客の様子を充分に汲み取る精神的な余剰が生まれない。例えば、マクドナルドのようにマニュアルサービスを徹底することは、従業員・パート・アルバイトにサービスの仕事内容を短期間で詰め込み、即戦力にすることはできても、個別の事情に応じたサービスができる企業風土に高めることは困難である。あるいは顧客にゆったりとくつろいでいただきたいという発想も生まれにくいし、笑顔も出ない。より多くの顧客により多くのハンバーガーを売りさばくことしか考えないからである。もちろん、マニュアル方式の利点も大きいし、企業側が人財を活用する際、大いに役立つことはよく理解されていると思われるが、今日、マニュアル依存による弊

費者志向は、消費者が置かれている立場を汲み上げるメリットがあり、生産者志向のデメリットを解消してくれる。もっとも、生産者志向と消費者志向を比較してどちらが優れているかという問題を提起しているのではなく、従来より、生産者志向に傾きがちであった製造の段階に、消費者・顧客の視点を取り入れることで、新たな生産行為を喚起することができる場合も増えてきていることを指摘するのみである。有能な生産者が、消費者の期待を超える夢のような製品をつくることもあるのは事実であり、100％消費者志向に変更することをよしとするものではない。ここで取り上げているホスピタリティとは、そのいずれかに偏るのではなく、生産者と消費者の相互性を考慮することにより、ホスピタリティ（製品に対する感謝の念）も生まれるかもしれない。ここでは、ホスピタリティという含みには、どちらの立場も認めなければならいという点を確認しているにすぎない。お互いの立場を認め合うことで、友愛の精神が生まれる場合もあれば、逆に、相互的ではあるが、上手くかみ合わず、敵対心も生まれる場合もあるので、必ずしも「相互性」があれば良いということにはならない。しかし、企業の信頼性を検討し判断する際、重要な概念であるには違いない。

第2章 財務報告とホスピタリティ

害が出てきている。マニュアル方式を推進すればするほど、消費者・顧客志向の視点が抜け落ち、ホスピタリティから遠ざかることになるからである。ホスピタリティ（お客様に喜んでいただけること）の不在、このことは、後に見るように、企業不正の温床となることに大きく関わっている。

　それはさておき、通常、マクドナルドに限らずレストランであれば、メニューにある料理（商品）を出すのがあたりまえである。あたりまえというのは、サービスという枠内で考えるがゆえにあたりまえということになるのだが、顧客からすると、そのあたりまえはあたりまえではない。家族連れの顧客のなかに障害のある人がいて、メニューにあるモノは食べることはできないが、仮に「ゆでたまご」なら食べることができるといった場合であっても、メニューにない「ゆでたまご」を注文しても、たいていは断られるだろう。厨房に卵があり「ゆでたまご」をつくることはできても、価格が未定である。しかし、そのレストランが、その障害者の事情を知り、あえて無償で「ゆでたまご」を提供したとしたら、その顧客（家族）に対して料金以上の感動と喜びを与えていたかもしれない。著者の留学時の体験で、それと似た体験をしたことがある。フランスのあるレストランで、著者がタルタルを焼いた肉と勘違いをして注文してしまったところ、その通り生肉が運ばれて出てきた[3]。しかし、それを食べることができないというと、しばらくしてハンバーグになって運ばれて出てきたということがあった。観光客で同じような間違いをする人も多いのかもしれないが、メニューに関わらず、快くハンバーグにしてくれるそのレストランは、メニューにある商品を出すのではなくて、あくまでも顧客の口に合うものを出すという意味で、ホスピタリティがあるといえるだろう。もちろん、レストランと一言にいっても高級店からファストフードまで諸事情は異なるので、一般化することはできないにせよ、様々な事業体において、個別対応を実現できるように努力と工夫を重ねていくことは、社会的信頼を得ることにつながるように思われる。つまり、当該企業の一方的なサービスを売るのではなく、心の経営

---

[3] フランス人は生肉「タルタル」を食べる。

を展開することにより顧客に選ばれる企業に育つことが大切である。企業がどれだけ顧客の個別の事情まで考慮し、人と人とのより良い関係を保とうとしているかという指標をもつこと（ホスピタリティの指標）は、環境会計に劣らず重要な視点である。したがって、以下の章では、上述したサービスという概念とは異なる、マネジメントにおけるホスピタリティ概念（ホストとゲストが相互に信頼できる関係をつくる考え方）を示し、このことが会計のあり方に大きく関与していることを指摘し、財務報告におけるホスピタリティ認識の重要性について検討したいと思う。

2. ホスピタリティと会計

　ホスピタリティという用語は、近年、序々に市民権を得てきている。日本語では、おもてなしと訳されたりするが、ホスピタリティの思想は単なる接遇の儀礼的要素をいうのではなく、むしろ人と人が対等の立場に立った良心的態度とも呼ぶべき倫理の問題である。特にマネジメントにおけるホスピタリティは、消費者や顧客の心を救う、救済の思想を含んでおり、おもてなしよりもより消費者志向に立った倫理の問題であって、いかなることを行えば、消費者や顧客の心が救われ、癒されるのかという心の奥深い問題まで含んでいる。

　ここで、身近な病院の事例をあげて考えてみたい。ホスピタル（病院）のホスピタリティは、一般的には、医師や看護師、受付がどのように患者を迎えるかというおもてなしの所作として表れる。例えば、患者がリラックスできるように花を生けたり、癒し効果のある音楽を流したりすることであったり、患者の症状を聞き取りやすくするために柔らかく優しい態度で患者に接することであったりする。しかし、ホスピタリティを1つの技能としてみた場合、それらしくできたとしても、誰にでも即座に実践できる所作ではない。そうした技能を身につけるための訓練や研修の機会も必要であり、実践においては、常に工夫をしていかなければ衰退するので、スタッフのホスピタリティを磨いていくためには、それにかかる費用も十分に確保しなければならない。心はまさに不

可知なものであるがゆえにホスピタリティもまたそれに伴って流動的である。病院経営は順調で患者数も大幅に増え業務の負担が重くのしかかり、医師や看護師が患者に対して威圧的あるいは放置的な態度をとるようになれば、もともとの癒しの場としての病院自体のレーゾン・デートル（存在理由）が見失われてしまうことになる。もちろん、短期的に見れば、ホスピタリティが欠如していても病院の利益が上がれば、病院のマネジメントとしては問題はないのかもしれないが、長期的に見れば、医療事業の持続可能性という点で問題が生じることもある。ひとたび、患者軽視や医療サービスの品質が低下したこと（医療過誤や誤診など）が露見すると、経営が破綻する危機に見舞われることになるだろう。そうした事例としては、コミュニケーションの齟齬によって患者を死に至らしめたというケースや、単純ミスが起きたような医療環境を放置しておき、再発防止の機能が働かないといったケースが考えられる。過度なホスピタリティは不要であるが、病院において、ある水準以上のホスピタリティを保つことは不可欠である。

　以上のようなホスピタリティは、いかなる企業、地方自治体、学校、組織体においてもホストとゲストの関係が成り立つ場所では必ず発生する概念である。第1章でも見たように、服部勝人は、語源的アプローチの観点から「slave（奴隷）」や「servant（召使）」などの関係派生語（主従関係）が含まれるサービスという言葉と区別して、ホスピタリティをその上位概念として、次のように狭義ならびに広義で定義している[4]。

ホスピタリティの定義（狭義）
「主客同一の精神をもって、最適な相互満足しうる対等となるにふさわしい共創的相関関係で、互いに遇すること」

---

[4] 服部勝人『ホスピタリティ学原論』内外出版、2004年、136ページ。

2. ホスピタリティと会計

ホスピタリティの定義（広義）

「人類が生命の尊厳を前提とした創造的進化（Creative Evoluation）を遂げるための、個々の共同体もしくは国家の枠を超えた広い社会における、多元的最適共創関係を成立させる相互容認、相互理解、相互確立、相互信頼、相互扶助、相互依存、相互創造、相互発展の八つの相互性の原理を基盤とした基本的社会倫理」

会計学の観点からすれば、服部が提示した、「主客同一」の精神ないし「相互性」という概念は新鮮に見える[5]。というのも、経営者、債権者、株主、従業員、消費者（顧客）、国家、地方自治体などのステイクホルダーの相互の関係は、利害関係で捉えるのが自然であるからである。しかしながら、企業を取り巻く諸関係をホスピタリティという概念によって捉え直すと、現代の企業の問題点が浮かび上がってくる。お互いのことを考えるという意味での相互性は、時間の経過、経営の拡大化や多角化、経営者の資質などの素因により常に変動しているからである。上述した病院のケースを例にとれば、患者数（顧客）が

---

[5] 本書では、第4章で見るように、ホスピタリティの意味を一義的には、主客同一、共創、相互性という捉え方をしていないが、いったん服部の定義に従って、ホスピタリティを主客同一、共創、相互性として捉え、サービス概念との違いを整理しておくことは、ホスピタリティの独自性を捉えるには有効な手立てであると思われる。それは、本章で扱う企業不祥事の問題を考えるうえで多くの示唆を与えてくれるからである。本書では、ホスピタリティとは一義的には、慈愛、友愛、仁といった心の温かさであると捉えている。もちろん、強制的にそうした人の感情を操作することはできないが、マネジメント・会計としては、人間が本来的にもっている人とのつながりを享受できる場所の提供（ホスピタリティ資材に対する設備投資）と、そうした心を喚起する従業員教育（ホスピタリティ教育に対する投資）を旧型のマネジメント・会計と区別することで、投資の仕方が異なっていることを情報開示することができる。そのことによって、ホスピタリティという企業活動をより良く展開させ、企業の信頼性を保持することに役立つものと考えている。また、特に日本のように「お互い様」という考え方をしない国々や、個人主義の国々では、主客同一、共創、相互性という意味合いからホスピタリティ本来の意味合いを見つけ出すのは難しいことかもしれない。しかし、「信頼性の獲得」のごとく、マネジメントにおけるホスピタリティの意味を探る場合には、一定の有意性をもっていることは認められるように思われる。

増加することによって放漫経営になるというのは世の常であり、実際、そうした病院や企業の不祥事が続発している。

　企業の事例に戻すと、小規模事業からスタートした時点においては、経営者と消費者は常に相互的な関係にあるが、企業が大規模化すると、経営者と株主との相互性に重点がシフトし、本来あるはずの経営者と消費者の相互性が切れてしまうのである。そうした相互性が欠如した状況で、商品やサービスの品質管理をいくら徹底しようとも企業破綻ないし不祥事の根源を拭い去ることはできないだろう。[6]

　以下に見る製品・商品やサービスの品質の問題は、単に製造コストや人件費の削減といった事柄ではなく、ホスピタリティの欠如として捉えることもできる。本来、消費者や顧客に喜んでいただける商品・サービスを提供するという企業活動本来の趣旨が、ただ単に、商品・サービスを提供しさえすれば良いという発想になると、欠陥が発覚しなければ、欠陥商品を提供しても企業利益は保全されるという性悪説に傾くこともある。消費者の心を満たすことができるか否かは、企業と消費者の関係性（＝信頼性）維持の問題であり、企業経営者・従業員の心のもち方（心がけ）次第でもあるからである。そうした意味では、ホストとゲストの相互性を保つという服部のホスピタリティの定義は理にかなっているともいえる。[7]

---

[6] 欠陥商品の販売、劣悪なサービスの提供によって得られた"汚れた資金"を配当の原資としていたならば、その配当は消費者はおろか株主の信頼も損ねるものとなるだろう。会計の主たる役割は分配可能利益の算定にあるが、今日までその配当の原資と収益との関連性については深く検討されていない。

[7] 企業不祥事とは何かを検討する際、「サービス」が企業から一方向性でなされる行為（消費者・顧客の立場を考えない行為）と区別する意味で、「ホスピタリティ」がそれに内在するホストとゲストの相互性（消費者・顧客の立場を充分に考える行為）という意味である観点は、企業の信頼性と大きく関わるので、今日の企業不祥事の問題点を明らかにしてくれるメリットがある。もちろん、実際には、サービスが消費者・顧客の立場を考えない行為であるとまではいえないが、製品・商品のように「売ってしまえば良いもの、利得になりさえすれば良いもの」と捉える性悪説が成り立つという前提でのことであり、多くの場合、良い製品・商品・サービスを提供しようと企業努力していることはいうまでもない。

2.1　商品の品質と企業の不正問題

　昨今、食品業においては、賞味期限・消費期限切れの素材を用いたり、商品・製品の素材を偽装するといった企業の不祥事が相次いでいる[8]。それもまた、日本の老舗の名店の製品である場合が多い。おおかたの原因は、品質管理のミ

---

[8] 雪印乳業では、低脂肪乳の原料となる脱脂粉乳に病原性黄色ブドウ球菌が増殖して毒素が発生したことにもかかわらず、牛乳を販売し過去最大の集団食中毒事件を起こし、さらに国内産牛肉の産地を偽ったりした。そのことにより、雪印食品は清算に追い込まれた。
　不二家では、消費期限切れの牛乳を使ってシュークリームを製造し、また消費期限切れのリンゴを使ったアップルパイを製造し、営業を休止した。赤福餅は、古頭で売れ残った商品を餡と餅に分けて再利用し、無期限の営業禁止処分を受けた。
　吉兆は湯木貞一が創業し、その後、代替わりをして本吉兆、神戸吉兆、船場吉兆、京都吉兆、東京吉兆の5つにのれん分けをすることとなった。新しい吉兆は、多角経営に乗り出した。しかし、2007年10月2日、船場吉兆が福岡市の百貨古「岩田屋」に出店する「吉兆天神フードパーク」で消費期限が切れた菓子を売っていたことが報じられ、営業停止処分となり、その後も牛肉や鶏肉の偽装表示などの問題も発覚し、吉兆のブランドや信用を傷つけている。船場吉兆（大阪市中央区）が菓子や総菜の賞味・消費期限を偽装していた問題で、その後、経営者である取締役の関与が認められた（朝日新聞、2007年11月14日付）。また、高級料亭「船場吉兆」（大阪市）の牛肉産地偽装事件で、これまで農林水産省に偽装などを指摘された贈答用の牛肉や鶏肉の商品以外にも、同社が扱う十数点の外販商品に不適切な産地の記載や、原材料の不正表示があることがわかった。同社は、日本農林規格（JAS）法に基づく改善報告書にこれらの不正表示などを記載し、2007年12月10日に農林水産省に提出した。これまでの発覚分と合わせて、同社の産地偽装や不正表示は約40商品にのぼる。
　以上の会社は消費期限や賞味期限の改ざん、偽装表示などの不祥事を起こして企業経営の闇の部分を露見したが、こうした不祥事は、現在も至るところで後を絶たず、氷山の一角でしかない。企業不祥事の問題は、上記の企業に限らず、本書では重要な社会現象であると判断する所以である。特に、経営者が直接的に関与し、消費者不在の経営が横行している。経営者に直接的に自覚を促すのは、利益中心主義からホスピタリティ経営への革命的ともいえる経済ないし会計の仕組みを変革する新たな道程を導き出すことでしかないと考えるのである。会計は、説明責任を本質とする行為である。したがって、経営者自身の強制的な開示、説明義務を負わせることは、単なるバッシングや社会的制裁よりも効果がある。今日まで、そうした情報の説明義務がまったく経営者に課されてこなかったことを会計の立場から大いに見直し、会計のあり方についてホスピタリティを通して新たに再考する機会となっていることに着目すべきである。それがなければ、企業の持続可能性を保持することはほとんど不可能に近い時代にきていると思われる（以上、朝日新聞、http://www.asahi.com/special/071031/TKY200711140322.html　2009年8月10日取得、参照）。

第2章 財務報告とホスピタリティ

スではなく製造コストの削減であり、過度な利益至上主義がもたらした悪弊である。ここには、経営者や製造業に携わる者の会計倫理が大きく関わっており、単なる儲け主義ではなく、経営者と消費者の関係性の不在という重大な論点が隠れている。従業員・パート・アルバイトなど、売り場では丁寧な接客応対だけの見せかけのホスピタリティはあるものの、肝心の経営陣が消費者とまったく向き合っていないのである。つまり、経営者の消費者に対するホスピタリティ（＝お客様に喜んでいただける心）が欠落しているのである。また、こうした不法なコスト削減は、経営者の倫理観の欠如であるとまとめるのはたやすいが、コストを下げれば利益が出るという単純な図式が行き過ぎているとすれば、会計にも責任があるのである。つまり、利潤極大化という利益中心主義の図式があり、損益計算書の帳尻合わせばかりを考え、利益の捻出にのみこだわっている限り、企業の不祥事を減らすのは難しいからである。

したがって、会計の側にそうした行き過ぎを防御する何らかの仕組みが必要である。今日の会計は、第1章で指摘したように、モノをつくり、売るというプロダクトとセールのみを会計事象としてきたことに問題点があったと考えることもできる。コストを削減するということと、ホスピタリティを実現するということは二律背反であるかのようであるが、創業の理念に掲げたような「お客様に心から喜ばれる製品・商品の提供」という精神が、経営の効率を図ることを優先するあまり、時とともに雲散霧消してしまうことは世の常である。そうであれば、消費者・顧客の立場を充分に考えて企業活動をしているのか否か、財務会計ないし財務報告の問題としてホスピタリティを取り上げるべきである。

つまり、利益の極大化は、いうまでもなく企業側や株主・投資家に資するが、ホスピタリティの軽視・欠如が企業不祥事ないし企業破綻を導くものであるとすると、貸借対照表の債務の金額以上に重要な「隠れ債務」の情報のソースが隠ぺいされていることになる。それは、財務諸表のミスリードともなる。特に、消費者から長年、信頼されてきた製品や商品、あるいは他に代替できない製品や商品を購入したが、その品質に問題がある場合は、経営者自身の倫理観の欠

2. ホスピタリティと会計

如や消費者・顧客軽視の体質が不正の温床になっている場合が多い。いかに法律を厳しくしようと、チェック体制を強化しようともトップ・ダウンで違法なコスト削減がなされている場合、それを事前に見抜くことは極めて困難である。むしろ、経営者に一定のホスピタリティがあるか否かを査定するためのホスピタリティ情報を開示することを検討すべきである。ホスピタリティに対する投資とホスピタリティによるベネフィットを記載し、ホスピタリティ報告書の開示を求めていく道筋の方が効果的であるように思われる。つまり、航空会社やホテルなどのサービス業のみならず、いかなる企業をもホスピタリティ業として捉え直さなければ、こうした一連の企業の身勝手な不祥事はなくならないからである。特に、製品や商品の品質を問う場合には、経営者自身の倫理観に依拠することが多く、結果的にそのことによって株主は多大な損害を被ることになる。したがって、本来、開示されてしかるべき情報が開示されず、長らく閉ざされてきたことに素因があるともいえるのである。

　企業利益を中心に考えるあまり、かつて企業は公害を起こし、企業活動の一端が地域住民の生活や環境を脅かした。したがって、今日の企業は汚染物質を出さないなど、企業の環境に対する責任を明確化しようという環境会計を導入し、製品・商品の製造に環境の概念（エコ）を入れるという消費者志向に変わってきている。しかし、昨今、それもまた、見せかけの似非消費者志向であり、消費者や顧客の立場を充分に踏まえた本物の消費者志向ではないケースも一部露見してきた。企業利益を中心に考えるあまり、消費者や顧客の信頼を裏切る事例が次から次へと噴出してきたのである。消費者や顧客があまりにも軽視されている状況を鑑みると、環境会計の成り立ちや方向性にヒントがあるよう

9　VW（フォルクスワーゲン）が不正ソフトをつけた車両を販売したことが報じられた。「米環境保護局（EPA）によると、VW は試験の間だけ排ガスを低減する装置を働かせ、環境基準を満たしたかのように装う不正ソフトを積んでいた。実際に道を走るときに排出される窒素酸化物（NO_x）は、米国の基準の 10 〜 40 倍に上っていたとされる。」ということで、過去に例のない歴史的不正事件として発表された。このケースは、過失とは考えられず、ホスピタリティなき商品という観点からも見ることができる（朝日新聞 DIGITAL、2015 年 9 月 29 日取得）。http://www.asahi.com/articles/ASH9X5J6YH9XULFA01V.html　参照、2015 年 10 月 30 日取得。

に思われる。今日、環境会計の導入によって、経営者の考え方ないし企業活動を環境を重視する環境経営へと向かわせたように、今度は、第3章にみる、消費者の会計（ホスピタリティ会計）が、経営者の考え方ないし企業活動をホスピタリティ経営へと向かわせるべきではないかと考える。企業利益とホスピタリティが共存する会計は企業不正問題に対する1つの処方箋になるのではないかと思われる。

2.2 サービスの品質と不正問題

　貸借対照表において、経済的価値物としてはもっぱら財が認識の対象とされ、サービスは主たる会計認識の対象とはされてこなかった。それは、サービス業の大半が、サービスを販売しているにもかかわらず、貸借対照表の在高としては記載されず、人件費などの費用のなかにサービスが隠れていると見ることからもいえることである。ごく素朴に見れば、サービスに関する費用を多くかけているところは、サービスの品質が良いという判断をしがちであるが、実際には、費用の多寡によってサービスの品質を判断することは難しい。つまり、宅急便などの運送費であれば、ある地点からある地点にまで荷物を届けるのがサービスであり、そのサービスの品質が良いかどうかという情報を財務諸表の数値から判断することは不可能である。今日のごとく過当競争ともなれば、サービスの品質を上げるための試行錯誤（ホスピタリティの試行錯誤）が利益獲得のための決め手となるはずである。したがって、いかに顧客の需要を汲み上げていくか、持続的な工夫が必要である。

　しかし、実際には、クレームの処理を行い、顧客を失うリスクを軽減させることにとどまっており、サービスの品質を上げて顧客に選ばれるというレヴェルにまで到達するのは極めて困難な状況である。ここでもまた、いかに人件費というコストを削減し、短期的な利益を獲得するかという図式が働いており、売上原価も人件費も単なるコストにすぎない。現状の会計では、削っても良

---

[10] 例えば、格安の夜行バスや、格安のLCCのサービスなどは、常に、利便性と安全性のトレードオフの関係にある。法的な観点からは、明らかに安全性が欠如して

いコストと、削ってはいけないコストの判別がつかないのである。

3. 財務報告と財務諸表

　企業を取り巻く社会的環境は、近年、大きく変化してきている。その最も顕著な例が CSR や環境報告書への取り組みである。日本においては、そうした経済事象を財務諸表本体に取り込むことには消極的であるが、国外の状況を縦覧すると、むしろ積極的に取り入れる意向を示す国々もある。企業が任意にホームページなどに掲載するアニュアルレポートは、IR の 1 つの活動として盛んに行われている。[11] そうしたレヴェルでは、日本も他国と足並みを揃えつつあるものの、国々により温度差があることは否めない。

　また、そうした新たな経済事象は定量的情報のみならず、定性的情報を含むために直接的に財務諸表本体に組み入れることが難しい要素もある。本書のテーマであるホスピタリティもその 1 つであり、ホスピタリティを統括的に数値によって把握することは困難である。もちろん、財務諸表本体に組み入れる工夫や研究はなされるべきであるが、そのことによってホスピタリティの全体像が写像されるわけではない。上述した企業の一連の不祥事のほとんどが経営者の心に素因があるとすると、投資対象となる企業の経営者が顧客に対してどのようなホスピタリティ・マインドをもって経営に望んでいるかという命題は、経営理念や経営戦略などに関わる定性的情報ということになる。

　従来、会計報告とは、財務報告のことであり、財務諸表の開示を意味するものだった。しかし、FASB（米国財務会計基準審議会）、IASB（国際会計基準

いる場合、法的な規制をかけることになるだろうが、倫理ないしホスピタリティの観点からすれば、利便性と安全性が両立するポジティブなサービスの提供が課題となるだろう。

[11] 2013 年、国際統合報告評議会（IIRC）は、国際統合報告フレームワークを公表した。日本の企業も既に数社、ホームページに「統合報告書」を掲載している。財務情報と非財務情報の「統合」という新たな視点は、顧客・消費者に対するホスピタイティ報告の問題も含まれていると思われる。ホスピタリティの向上と CSV（企業の価値創造）は、大いに関連している問題であるからである。

審議会)、ASBJ（企業会計基準委員会）などの最近の財務報告の概念は必ずしも財務諸表と同一ではなく、非財務情報をも暗に含める方向で新たな展開を見せている観がある。川村義則は、「討議資料では、『財務報告』の定義を特に示していないが、FASBなどの説明によれば、『財務報告』(financial reporting)は、『財務諸表』(financial statements)よりも範囲が広く、財務諸表以外の開示手段を含めた広範な開示手段を用いて企業の財務諸表を開示することを意味している。ちなみにFASBの概念書では、『財務報告の目的』とされているが、国際会計基準審議会（IASB）の概念フレームワークでは『財務諸表の目的』とされている[12]」と記している。つまり、この言葉を借りれば、財務報告と財務諸表の相違については、FASBは、財務報告を財務諸表のみならず、それに関連する情報を含む広い情報を想定しているということになる。ASBJの討議資料「概念フレームワーク（以下、討議資料とする）」もまたFASBと同様、財務報告という語を多用するが、厳密にその内容を財務諸表に限定しているわけでもない。討議資料は意思決定有用性の観点から将来の会計基準作成の考え方の指針を示すものであり、暗黙裡にアニュアルレポートのような会計報告を含める可能性ないしニュアンスも残している。唯一、IASBは、財務報告という語を用いず財務諸表に限定しているが、古庄修によれば、「確かにIASBの概念フレームワークは、その範囲を財務諸表に限定している。しかし、IASBは、『その他の財務報告』を含めた財務報告の範囲を想定して、財務諸表だけでは財務報告の目的に合致しないので、財務諸表が実際に達成しうることと財務報告の目的とのギャップを解消するために、財務諸表外情報を追加する必要性をかねてより認めるものである。すなわち、MCは、『その他の財務報告』の主たる構成要素とみなされる[13]」としており、会計報告を財務諸表に限定する意図のものでないということを指摘している。古庄は、「その他の財務報告」とし

---

[12] 斉藤静樹編著『討議資料・財務会計の概念フレームワーク』中央経済社、2005年、41ページ。
[13] 古庄修「財務報告の体系の再構成」『會計』第172巻4号、2007年10月、64ページ。

て、IASB の討議文書『経営者による説明（Management Commentary：以下、MC とする）』が該当すると認識している。

　つまり、必ずしも金銭によって換算されなくとも財務情報を補完するために必要不可欠な情報というものが考えられるからである。企業が直面する経営上の重要な問題について、経営者が数値の情報に限定せずコメントを付けるという思考は、いわばアカウンタビリティに内在するホスピタリティの側面を重要視していると見ることもできる。というのも、企業の会計情報を受け取る株主・投資家が財務諸表の数値をミスリーディングする負の可能性を減らすために、経営者がナラティブ（物語的）に説明するということに会計上の意義があるからである。

　ただ、財務諸表の場合、単年度の短期利益の報告を主たる目標としており、長期的利益の報告は副次的な情報である点をどのように考えるべきかという問題点がある。このことは、財貨やサービスを原価によって測定していた時代の会計から時価中心へと転換しつつある測定の問題ともつながっている。また、現時点での企業価値の認識や測定は現代会計の重大な課題になっていることも含めて考慮すると、今日の会計が対象とする企業の経済事象が旧来のものと大きく変化してきていることに着目しなければならない。長期的利益の展望を記すためには、財務諸表の注記に記すか、「新たな報告システム」を設けることが考えられるだろう。IASB の MC にホスピタリティに関する情報が付されるかという問題は未知であるが、今後、ホスピタリティに関連する費用などが財務諸表本体や財務諸表の注記に記載されると、自動的に MC にも関わってくるだろう。そして、「新たな報告システム」が財務報告に含まれるものであるとするならば、そこにおいて財務報告と財務諸表は一線を画すことになる。

4. 財務報告とホスピタリティ

　本書において、ホスピタリティ≒おもてなしと表記しているのは、おもてなしという日本語にも、おもてなしの思想を含んでいるのであり、言葉の系譜が異なっている。互いに似通っているとしても、ホスピタリティ＝おもてなしとすることは、誤解を生むリスクもあるが、ここでは当面、どちらも消費者や顧客の立場を充分に認識するための言葉であると理解する。消費者ないし顧客の心の満足度を上げるためには、良い商品を提供し、良い接遇をすることにあるが、「良い」ということの価値のなかには企業側と消費者の相互性（この場合、性善説的相互性）がなければならないということになる。服部勝人の理論を今しばらく援用すると、生産者志向から顧客志向へ、顧客志向から共存共栄の共創的なホスピタリティに昇華すると、ホスピタリティには相互性が不可欠ということになる。[14] つまり、企業側（経営者と従業員）と消費者ないし顧客が、対等の立場で上下わけ隔てなくコミュニケーションがとれる関係を構築することである。また、こうした相互性が発生する前提には、企業が売る財・サービスに対して消費者の絶対的な信頼がなくてはならない。薬を例にとると、その薬が患者の病気を治し、症状を軽減させるという効能の信頼性と、薬のラベルに記載されている成分の同一性や使用期限の正確さに対する信頼性の問題がある。ホスピタリティという概念に「信頼性」の問題は含まれるのか、含まれないのかということについては、本書では「含まれる」と考えている。服部は、米国のフォーチュンの企業評価で常に上位に入るメルク・アンド・カンパニーの例を用いて、以下のように薬の信頼性に関するホスピタリティについて記している。

---

[14] 第4章に示すように、おもてなしの概念と区別するため、本書では、ホスピタリティを考える際に共存共栄、相互性という概念が、必ずしも不可欠の概念とはならない。ただ、本章では、消費者・顧客を重視するという意味合いで、共存共栄、相互性がホスピタリティに含まれる重要な要素であると考えている。

4. 財務報告とホスピタリティ

「メルクのフロントライン・スタッフ、つまり、ホスピタリターへの教育体制にも卓越したものがある。新薬の効用と使用方法を十分に学ぶ機会が用意され、長期間に及ぶ教育（実践のなかでの教育も含む）が施されるのである。実際に業務に携わるようになっても、しばしば教育の機会は幅広く提供されることになる。製薬会社の主な顧客は、医者や薬剤師であるが、彼らを納得させる新薬の処方せんの解説ができなければ、メルクの製品を販売することはできない。メルクのホスピタリターは医学や新技術革新への知識を徹底的にマスターした熟練者として、専門家に安心感を与える存在として君臨している。そればかりか、メルクのホスピタリターは、顧客に自宅の電話番号を教えて、緊急の際にも医薬品に関して相談や質問を即時に受けることのできる体制までとっているのである。(中略)一度企業が私的欲求を充足させることを始めてしまうと、ホスピタリティを醸成する環境を取り戻すことは不可能となるが、そうした寄り道はメルク・アンド・カンパニーの歴史には刻まれていない（傍点、著者）。」[15]

メルクの「新薬の効用と使用方法を十分に学ぶ機会」は、ホスピタリティを構成する重要な要素となっている。こうした機会を設けることは出費を伴うことであり、他の製薬会社よりも多額の投資をしていることになる。その結果、薬の信頼性という得がたい財産を手にしていることになる。別言すれば、メルクの薬には大きな付加価値がついているのである。したがって、その付加価値が大きな収益の源になっているとすれば、ここには費用対効果の関係があることになる。つまり、ここでの出費はホスピタリティ費用ということになる。通常、このような費用が販売費及び一般管理費のなかに眠っているとすれば、それがホスピタリティを意図するものとしては読めないので、前節にみた「新たな報告システム」において開示し、同時にナラティブ（物語風）に説明することが必要である。また、ホスピタリティを実現するためには、企業が有する建物や備品などを有効活用し、消費者や顧客を歓待する準備が必要である。例え

---

[15] 服部勝人『ホスピタリティ・マネジメント入門』丸善、2004年、168ページ。

ば、高級ホテルでは、予算の許容する範囲において新しい建物、建物のリフォーム、ライトアップ、グランドピアノやソファー、ビジネス用のパソコンの設置など、人の心を快適にしてくれる設備を整える必要がある。こうした資産に対する投資も通常の貸借対照表の財貨・費用と区別して、一期間にどれだけ投資しているかという明細を出すことも「新たな報告システム」として考えることができる。もっとも、ホスピタリティの中心的な役割を担う接遇については、その詳細を明記すべきである。サービス原価たる人件費の内訳を示し、当該企業が接遇に対していくらの人件費をかけているのか、エキスパートを雇用しているのかどうかなどを示すことである。企業は、消費者ないし顧客から接遇に関するアンケートの結果を受け取るが、その結果に対してどのような対処や戦略をとろうとしているのか、定量的情報ならびに定性的情報を「新たな報告システム」で開示することを考えることができる。そして最後に、ホスピタリティを創出する企画・演出の定量的情報ならびに定性的情報として「新たな報告システム」で開示することを考えることができる。つまり、ホスピタリティは常に新しく斬新なものでなければ意味がない。驚き、感動、感銘などを人間の心に直接的に訴えるためには工夫が必要である。人に対して、いい感じを与えるというのは、ホスピタリティ本来の機能である。以上のようなごく素朴な概観はホスピタリティの一部でしかないが、現在のところ、こうした事象を適切に報告するシステムがないのである。ホスピタリティは、ホスピタリティ産業のみならず、いかなる集団や組織（営利、非営利を問わず）において重要な要素になってきている。

5. おわりに

　会計報告＝財務報告＝財務諸表という図式を前提にすると、ホスピタリティは会計報告の範疇に入る余地はない。しかし、今日の会計の枠組みは、会計報告＞財務報告＞財務諸表として位置付けられるか否かは別として、環境会計の浸透などに見られるように、会計の役割が広がりつつある。その企業活動の対

5. おわりに

象はいまだ確定されたものではないにしても、本書で取り上げたホスピタリティ（≒おもてなし）の問題は、なかんずく今後の広義の会計に含まれるように思われる。私見によれば、雪印、不二家、赤福餅、船場吉兆などの老舗企業に見られる不祥事は、経営者の資質の問題や品質管理の杜撰（ずさん）さにのみ焦点が当たる問題ではなく、会計報告のなかにまったくホスピタリティが表れず、経営者の思考のなかから抜け落ちている可能性があることに問題がある。創業者の時代においては、おもてなし（≒ホスピタリティ）の精神で製品・商品を販売していたものが、世代交代を繰り返すうちに創業の理念を見失い、次世代の経営者の目からすると消費者という対象を見失っていることもある。いくら法律を厳しくしようと、品質管理のチェックを厳重にするように努めても、コンプライアンスが保たれなければ、老舗のもつ信頼はすぐには戻らないだろう。こうした事件は、いかなる企業にも内在する問題を含んでいる。それは、地球環境を保全することについては考えず、ひたすら利潤獲得のために、突き進んでいた企業が、公害を引き起こし、地球温暖化の引き金を引いたことと軌を一にしている。今日、おもてなし、あるいはお客様に対する歓待の精神（≒ホスピタリティ）は、地方自治体の観光やサービス業を中心に盛んに取り上げられてきているが、事の大きさはそれだけにとどまらない。

　また、企業側のホスピタリティには、概観したように、経営者の消費者に対するホスピタリティのレヴェルと、現場の従業員の消費者ないし顧客に対するホスピタリティというレヴェルの異なるホスピタリティが内在している。サービス業などに見られるホスピタリティという付加価値を会計のディスクロージャーの重要な要素として組み入れていく道筋を検討すべき時期にきていると考えている。したがって、ホスピタリティ・マネジメントとそのアカウンティングは外部報告の問題として取り上げるべきである。

　ディスクロージャー制度の発展に伴い、MC の問題に触れたが、この問題は、そもそも経営者の株主・投資家に対するホスピタリティのあり方の問題であると読み直すと、会計の新たな地平が拓かれると解釈することもできるのである。

　本章においては、会計におけるホスピタリティの認識と財務報告の概念の問

題とをすり合わせることを主たるテーマとした。当面のところ、財務諸表の注記で記載するなどの諸策を考えることは可能であるが、著者としては、今日のホスピタリティ概念の重要性を鑑みると、会計認識の主たる対象として取り上げるべきであると考えている。ホスピタリティは心の問題であるので数値化することが難しいケースは多々あるが、工夫を試みる余地があるはずである。

参考文献

FASB "Statements of Financial Accounting Concepts No.1, No.2, No.4, No.5, No.6, 1994 Edition"（平松一夫, 広瀬義州訳『FASB財務会計の諸概念』中央経済社、1944年）

T. R. Prince, Extention of The Boundaries of Accounting Theory, 1963（田中さみ子訳『会計理論の拡大』中央経済社、1971年）

稲田直太『人づきあいは極上に―サービスに、経営に、教育に、そして人生に活かす体験的ホスピタリティ論』学習研究社、2006年。

岡本清・廣本敏郎他『管理会計』中央経済社、2003年。

國部克彦『社会と環境の会計学』中央経済社、1999年。

櫻井通晴『管理会計（第三版）』、同文舘出版、2004年。

ダニエル・コールマン（土屋京子訳）『EQこころの知能指数』講談社、1996年。

林田正光『ホスピタリティの教科書』あさ出版社、2006年。

林田正光『リッツ・カールトンで学んだ仕事でいちばん大事なこと』あさ出版社、2006年。

古庄　修「IASB討議文書『経営者による説明』の主要論点」『企業会計』第58巻・第3号、2006年3月。

山本哲士『ホスピタリティ原論』文化科学高等研究院出版局、2006年。

第3章
消費者のための会計は可能か？

1. はじめに

　昨今、日本では、経済の低成長と景気後退などの影響を受けて、一部の企業が過度なコスト削減のために商品を偽装するという事件が相次いでいる。例えば、2005年に建築士が起こした一連の事件では、地震などに対する安全性の計算を記した構造計算書を偽造していたことが発覚し、国会でも大きく取り上げられた。地震の多発する日本において、耐震基準を満たさないマンションやホテルなどが多く建設されていたという事実は、人々の命や財産に関わる問題として、消費者をはじめ国民の企業に対する信頼を損なう典型的なケースとなった。[1] また、食品業界においても、食材を偽装したり、賞味期限切れの材料を用いたりするなど、偽装事件が連鎖的に続発し、消費者の製品・商品に対する信頼を大きく損ない、企業が破綻するというケースも続発している。[2]

---

[1] 消費者（consommateur, consumer）とは財やサービスを消費する者を指し、顧客（client, customer）は、一度、自社の商品を購入したりサービスを受けた者、弁護士、会計士、建築家などに業務を依頼する者を指す。本章では、広義の「消費者」をキータームにしているので、「消費者」という語を使用しているが、リピートの可能性も高い顧客という意味も含めて使用している。したがって、本章において、それぞれの文脈に従い、消費者と記している箇所もあれば、顧客ないし消費者・顧客と記している場合もあるが、ここで問題にしているのは、「消費者」である。債権者、株主、消費者の3つの立場を検討することが、ここでの課題である。

[2] 日本では、業界大手の雪印食品がオーストラリア産牛肉をもとの箱から自社の箱に詰め替え、自社ラベルを張って国産牛と偽る操作をした偽装事件を発端に、様々な偽装事件が相次いでいる。例えば、お菓子業界大手の不二家は、消費期限切れの

第3章 消費者のための会計は可能か？

　こうした製品・商品の偽装は、日本のみならずヨーロッパにおいても深刻な問題となっている。フランス、イタリア、スペインでも、チーズ、ワイン、牛乳、オリーブ油など、様々な食品の偽装問題をメディアが取り上げている[3]。同一商品を持続的に購入する消費者の信頼を損なうばかりか、食品の品質管理は、消費者の生命・身体を危機にさらす恐れがある。

　製品・商品の偽装は、主に企業経営者の過度なコスト削減の経営方針や経営判断に起因しているが、連鎖的に生じている事象を見ると、複合的な要因が隠されているように思われる。その要因の1つに、企業と消費者の良心的なコミュニケーションが欠如している点があげられる。日本では、その解決策の1つとして、2008年に政府の諮問機関である消費者行政推進会議が最終報告として

　　牛乳を使い、シュークリームを製造したり、日本の伝統の老舗である赤福餅は、消費期限を改ざんするなどして消費者の信頼を損ねている。また、日本料理の名門高級店である吉兆も食肉の偽装など、度重なる偽装問題で廃業に追い込まれた。昨今では、マクドナルドの異物混入や不明瞭なトレーサビリティによる業績の悪化なども、こうしたケースと同様の問題を含んでいる。この他にも、数えきれないほどの偽装事件が続いており、日本の大きな社会問題となっている（http://www.news88.net/giso 2015年12月3日取得、参照）。トレーサビリティは、今後、飲食業に関わらず、ホスピタリティの主要なテーマとなるだろう。

　　なお、会計学では、自社で製造したものを「製品」、他社から仕入れて販売するものを「商品」として勘定科目を区別するが、本章では、場合によっては、「商品」を広義に捉えて、「製品」やサービスをも含める形で記述している。つまり、そこでの「商品」とは、貨幣と交換され得る財貨・サービスという意味である。しかし、後述するように、会計やホスピタリティの問題に引き寄せて考える場合には、会計学上の言葉の違いにも言及する必要があると考えている。

[3]　フランスでは、フランスのトリュフ市場に約10年前から中国産トリュフが入り込み、フランス産と称して販売されるケースが増えている。安価な中国産は品質も劣るとされるため、業界関係者は注意を喚起している（共同通信、2005年12月22日）。イタリアでは、報道機関によって、警察当局が高級ワイン「ブルネッロ・ディ・モンタルチーノ（BRUNELLO DI MONTALCINO）」の2003年もの約60万本を、原料偽装の疑いで押収したと報じられており、名産品のモッツァレラチーズのダイオキシン汚染の疑いも広がっており、ブランド食品のイメージ低下が続いているとしている（毎日新聞、2008年4月5日）。また、ANSA通信が伝えたところによると、イタリア警察当局は、食用オリーブ油に大豆油などを混ぜて販売していた搾油業者ら39人を詐欺容疑などで逮捕、オリーブ油約2万5,000リットルを押収したと報じている（読売新聞、2008年4月22日）。

1. はじめに

「消費者行政推進基本計画〜消費者・生活者の視点に立つ行政の転換〜」を提出し、消費者庁設立の下地を作るに至っている。この事案は、企業と消費者の関係を本格的に取り上げたものとして注目されており、こうした消費者政策は、EU をはじめ地球規模で強力に推し進められている。また、ISO（International Organization for Standardization：国際標準化機構）が公表している「社会的責任に関する将来の国際規格」のなかでは、以下のように記されている。

「ISO 理事会は 2001 年 4 月、ISO 消費者政策委員会（COPOLCO）に対して、企業の社会的責任（corporate social responsibility：CSR）の領域で ISO が国際規格を開発することは可能かどうか検討するように要請しました。COPOLCO は 2001 年 5 月、当時 CSR と呼ばれていた問題に関する国際規格開発の可能性を検討することを決定しました。数回に及ぶ会合と 2002 年 6 月にトリニダード・トバゴで開催された特別ワークショップを経て、COPOLCO は消費者の観点から、ISO は組織として社会的責任に関する国際規格の開発を主導するにふさわしい立場にある、との結論に達しました。こうして COPOLCO は、ISO はこの問題をさらに検討するため、すべての主要なステークホルダーが関与する諮問委員会を設置すべきである、との勧告を ISO 理事会に提出しました。」

消費者・顧客はステイクホルダーの一部であるが、その位置づけは財務会計のなかでは極めて不明瞭である。しかし、近年、企業の不祥事を背景に消費者・顧客というエンティティが重要な立場にあることが確認されており、行政や法の分野のみならず、財務会計上の問題として捉えても極めて重要な論点が内在しているように思われる。

というのも、企業には、そもそもより良い製品・商品を販売し、より良いサー

---

[4] 消費者行政推進基本計画について（閣議決定）、2008 年 6 月、https://www.kantei.go.jp/jp/singi/shouhisha/kakugi/080627honbun.pdf 2015 年 12 月 3 日取得、参照。
[5] http://iso26000.jsa.or.jp/_files/info/pm/SRbooklet.pdf 2015 年 12 月 3 日取得。

ビスを提供することによって消費者・顧客から信頼を得るという創業の理念があったはずである。つまり、消費者のためのモノづくりやサービスという理念である。その創業の理念から逸脱し、株主や役員・従業員に対する利益の分配を中心に考え、消費者をないがしろにしてきたという企業風土が根付いてきたとすると、今日、企業と消費者の良心的な関係を今一度、再構築することが急務である。以上のような消費者という1つのエンティティに対する信頼性の問題は、国際的なレヴェルで捉えても同様であろう。

　したがって、さしあたって、会計は企業の経済活動の写像であるという観点からすると、現代の会計は、企業と消費者の相互の信頼関係（信頼され得る企業の経済活動）を写像するために、消費者のための会計が求められていると捉えることも可能であるように思われる。

2.「サービス文化」と「ホスピタリティ文化」
　―効率性に内在する問題―

　企業がモノやサービスを販売するという交換経済を既存のパラダイムとして捉えると、環境対策などの事例に見るように、今日の営利企業、官公庁、非営利組織体は、人と人との良好な関係性を母体とする良心の経済へとパラダイムシフトしてきているとみることもできる。というのも、企業を取り巻く利害関係者が他者の意向を無視して一方的な利益の追求をすることにより、企業が社会から逸脱し、破綻の憂き目にあうというケースが後を絶たないからである。今日、心の問題を枠外に置くことによって企業の経済活動自体が麻痺してしまう事態を鑑みると、企業は新たなホスピタリティ（≒消費者・顧客に対する心遣い、配慮、歓待）という概念を導入することにより差別化を図ることを考えるはずである。つまり、消費者・顧客からまったく見放されると、企業活動は停滞し、破綻するしかないからである。

　ところで、製品や商品を偽装することは法的にも倫理的にも認められることではないが、消費者や顧客の需要に応じて、企業としての努力や工夫をするこ

とはできる。その努力や工夫には様々なケースがあるが、そのなかでも 3 点程、整理しておきたい。1 つには製品や商品の価格面である。大胆にコストをカットして、新たな需要と供給を生み出す努力をしている企業は多数ある。また、コストはかかるが、富裕層の需要を満たすという企業も少なくない。つまり、価格が高くても、より品質の高い製品・商品という理由で売れるものもあれば、価格が低く品質は劣るけれども、価格が安いという理由で売れる製品・商品もある。価格に関しては、消費者や顧客に対して納得のいく価格を提示する必要があるだろう。一方的な価格操作が販売のカギを握るのではなく、消費者や顧客の「安全性」を優先させるべきである。消費者は製品・商品、サービスを享受する以上に「安全性」に対して金銭の支払いをしている。2 つめには、消費者の要望という観点からすれば、その要望に応えられる商品を消費者とともにつくり出すということもあるだろう。生産者や製造者は、最終的な着地点として消費者や顧客とつながっていなくてはならない。消費者や顧客は、その「つながり」に対して金銭の支払いをしている。3 つめには、新たなマーケットを広げることによって、潜在的に必要としているものを発掘し、潜在的な消費者に提供することで、本来、必要なものを売る場合もあるだろう[6]。

　つまり、企業利益は、至極当然のことながら、より良い製品の製造という「モノづくり」やより良い「サービスの提供」から生まれる。そうした意味で、常に企業利益は、企業の良心と関わっているといえるだろう。いかなる企業が成長し、いかなる企業が衰退していくかというメルクマールは、企業と消費者・顧客との関係性に大きく関わる。企業から消費者・顧客というワンウェイの関係、つまり従来の古典的な企画、製造、販売という単純なサイクルでは経済のパラダイムシフトを捉えられなくなってきている。今日の企業の競争原理は製品・商品の品質の向上のみならず、それを販売することにより企業と消費者・

---

[6]　例えば、大分県日田市の原次郎左衛門味噌醤油蔵豆田店は、鮎と塩だけでつくった鮎魚醤をつくっており、フランスの 3 つ星レストランで、高級調味料として使用されている。本来、和食のための一地方の調味料がフランスや米国などの世界の高級店で需要があるという一例は、ホスピタリティ・マネジメントの 1 つの形態である。

第3章 消費者のための会計は可能か？

顧客の相互にコンヴィヴィアル（共愉的な）な関係性をつくる点にあり[7]、そのことが今日の企業経営の勝因ないし、存続の要件とされてきているからである。つまり、旧来の会計のパラダイムでは、経済成長路線にのって大量生産、大量消費の波にのり、いわば"売れる"時代であったので、もともとステイクホルダーであるはずの消費者や顧客という立場を充分に取り上げる必要性がほとんどなかったのである。しかし、世界的な経済不況に見舞われる今日の会計では、ステイクホルダーとしての消費者や顧客の重要度や位置関係を明確にしなくてはならない時代にきているように思われる。

　経営者も、結局は人であるので、「顧客第一主義」という目標を掲げても、その内容が伴っていないことは多い。消費者や顧客に対する態度として、本章の論点をわかりやすくするために、経営者の性悪説と性善説の2つの側面からそれぞれ2つの要点を指摘しておきたい。1つは、コストの問題である。(A)コストについての性悪説型経営としては、企業の利潤極大化を図るために、一方向的に原価節約のために商品ないしサービスを偽装し、消費者の安全性・信頼性を無視することである。(B)性善説型経営としては、企業と消費者・顧客が双方向的にコストカットに協力していくことである。もう1つは、企業体質の問題である。製品・商品やサービスが飽和化したことによって企業間競争が厳しくなり、製品・商品やサービスの品質のみに依存することができなくなってきたことに起因している。(A)性悪説型経営としては、従業員満足度（ES）を放置し、殺伐とした職場環境で顧客満足（CS）を追求している場合がある。ここには、企業利益はかろうじて確保されていても、ホスピタリティ自体は存在しないので企業体質として破綻していることが指摘できる。(B)性善説型経営としては、従業員満足度（ES）の基盤を固め、製品・商品やサービスの提供については、消費者・顧客志向型へ方向転換することである。企業利益にとっては、ブレーキになるかもしれないが、消費者の心の満足ないし信頼性、友愛性を生み出すホスピタリティ経営へ移行することである。そして、企業と

---

[7] 今日、企業も消費者・顧客も相互的にモノづくり・サービスの提供に関わり、共に愉しめる関係をつくることが重要な課題となっている。

2.「サービス文化」と「ホスピタリティ文化」
―効率性に内在する問題―

消費者・顧客が双方向的に企業活動に協力することである（もちろん、これは単純な理想形にすぎず、採算がとれない場合は、リストラや事業の再編成に着手せざるを得ないだろう）。

以上のように分類すると、性悪説型経営では事業が悪化した場合、消費者や顧客の立場をケアする道は残されていないが、性善説型経営では、採算の問題は別にして、消費者や顧客の立場を充分にケアする道を残しているところに性悪説との違いがある。

従来より、企業は、利潤極大化という自社の立場において製品・商品を販売しサービスの提供を行ってきた。いたずらにコストを削減し、かつ製品・商品やサービスを提供し、売上高向上を目指す。ここには、ホスピタリティを度外視すると、自暴的ともいえる、やみくもの効率性しか残されていない場合もある。しかし、やみくもにそうした効率性を追求していくと、いずれは、立場の弱い消費者が犠牲とならざるを得ない。慈善事業でもない限り、心ならずも、上述したような性悪説の立場から見た落とし穴にはまる危険性はどの企業にもある。企業の不祥事が減らない所以である。企業の経営者は常にこの性悪説と葛藤しているはずである。

もちろん、効率性を追求すること自体は、企業の永遠の課題ではあるものの、その一方で、企業の不祥事を減らしていくためには、消費者もまた株主や債権者と並ぶ重要な利害関係者として再認識しなければならない時代にきているのではないだろうか。日本は戦後、やみくもに利益を追求した結果、多くの深刻な公害問題を起こした。地域住民軽視である。それに対する1つの解決策として環境会計が、経営者の意識改革に貢献したことは事実である。同様に現在、不幸なことに消費者軽視の経営が横行している。その立て直し策として、企業がホスピタリティ情報を財務報告に入れれば、企業不正は起こらず、企業経営者を性悪説型経営にも導かないという楽観的観測はもち得ないが、1つの解決策として、消費者のための会計（ホスピタリティ会計）を想定することは、新たな性善説型経営へと導く手立てになるかもしれないのである。しかし、現行では、ホスピタリティ情報としては、当該企業が最低限確保すべきレヴェルを

維持しているのか、ホスピタリティ自体まったく取り入れていないのか、その下限を測る材料に乏しいのが現状である。一部のホスピタリティ産業でのみ語られる問題ではなく、すべての企業や組織体において今後の活動に大きく関わるものとして、財務報告が果たす役割は大きいと思われる。現時点では、消費者と経営者のパイプが広報や宣伝という販売促進に限られ、経営者自身が消費者に対して経営方針のなかにホスピタリティ・マインドを表明することはあっても、その具体的な内容にまで踏み込んで報告する場がほとんどない状況である。このことにより、消費者の預かり知らないところで性悪説型経営が深く進行していても何ら信頼性に対するチェックができず、企業不正が素通りしてしまうことにもなるのである。ホスピタリティ情報ないしホスピタリティ・マインドは、短期的な利益に直接的に作用しなくとも、企業活動の改善、長期的な利益に深く関わるとすれば、性善説型経営へと導く可能性を秘めている。そしてまた、消費者のみならず、株主・債権者にも大きく関わる有用な会計情報に育つともいえるだろう。

　周知の通り、米国、日本、フランス、ドイツなどの各優良企業のあらゆる製品・商品、サービスの品質は、戦後に飛躍的に高度化し進歩している。例えば、運輸業であれば、飛行機、船舶、電車、車両を用いて短時間にヒト・モノを輸送したり、より快適なサービスを提供することに成功している。運送業務は複数の会社の競争原理のなかで利潤極大化の道を探ることになる。

　航空会社などは、一般的に、運送業務に関わる費用（サービス原価）を削減するか、採算がとれない場合には、当該業務から撤退することもあり得る。その場合の企業の経営行動は、顧客一般の利用状況（収益獲得）から判断され、個々の顧客の需要については判断の材料とはされない。例えば、日本の本土からAという孤島に飛行機を飛ばそうにも利用客がいなければ路線を撤退するのは当然である。効率性や合理性という点から見れば採算がとれないからである。

　ただし、その孤島には、少数の人達が暮らしているとする。通常、路線から撤退すれば飛行場が残されていようと飛ぶことはないが、突然、急病人が出た場合、非常事態の事件が起きた場合など、特殊事情がある場合には、航空会社は、

2.「サービス文化」と「ホスピタリティ文化」
―効率性に内在する問題―

非常事態を救うために、路線撤退の禁を破り飛行機を飛ばすという判断をすることもあるかもしれない。そのような場合、企業は採算をとるということよりもAという孤島の特殊な顧客の特性を判断材料にしているのである。実のところ、この2つの相反する企業行動は、サービスとホスピタリティという異なった考え方に起因している。前者は顧客を単なる企業のドル箱と捉え、後者は顧客の立場に立ち採算度外視で個別の顧客の期待や要望に応えているのである。こうした極端なケースを想定すると、企業と顧客との信頼性が現前化（プレザンス）するのである。もちろん、後者の行動がその後の企業の収益性に寄与するか否かは未知数であるが、当該企業にはサービスの効率性を追求するだけではなく、顧客の立場に立った企業文化もしくはホスピタリティ・マインドが存在することを示すことはできるはずである。

　要するに、戦後、製品・商品やサービスが市場の競争原理にさらされることで、見えざる消費者・顧客の満足度を高める戦略が繰り広げられてきたが、それらは主に企業側からの一方向性のものでしかなかった。消費者・顧客もまた、様々な製品・商品を購入し、様々なサービスを受容することで企業を見る眼が成長し、個々の需要に応じた製品・商品やサービスを提供してくれる企業を探している。その時、顧客を一元化し、包括的に捉え製品・商品やサービスの効率性のみを追求している企業と、個々の顧客に耳を傾け、企業と顧客との相互性を重視する企業では、その後の成長の仕方が異なるはずである。というのも、利潤極大化によるサービスの効率化は、短期的な利益の獲得によって株主の利益に資するかもしれないが、その反面、当該企業が長年培ってきた消費者・顧客との信頼関係（＝相互性）を失うリスクも有しているからである。

　なお、本書に限らず、サービスの定義もホスピタリティの定義も論者によって異なるが、著者は、当面のところ、サービスとホスピタリティは階層関係にある概念とは捉えておらず、むしろ次章以降で示すように別々の異なる概念であると認識している。サービスは単に、製品・商品と同様、金銭と交換される「機能」であり、ホスピタリティは、サービスや製品・商品の品質を支え販売をさらに促進するための新たな経済的付加価値として捉えている。言葉を換え

第3章　消費者のための会計は可能か？

ると、まず、企業には、製品・商品やサービスという機能の品質を高めるためのホスピタリティが必要であり、消費者や顧客に製品・商品ないしサービスを提供する際の販売の局面におけるホスピタリティが必要であると考えている。

つまり、ホスピタリティを現金－商品－（現金）という資本循環範式に入れ込むとすれば、従業員と顧客にのみ生じる概念ではなく、製品・商品の製造段階と販売過程のいずれの段階にもホスピタリティが不可欠であるということになるからである。もちろん、ホスピタリティは販売やサービスの提供の現場の対応の問題として語られることが多いが、本書では、接客などのピンポイントで生じる人間関係の問題にとどまらないと考えている。[8]

例えば、運送会社であれば顧客の荷物を個々の顧客の需要、期待に応じて安全かつ速やかに運んだか、テレビ・電話・インターネットなどの情報通信会社であれば、個々の顧客が期待する情報を伝達しているか、あるいは不要な情報を伝達して顧客を不快にしていないかという消費者・顧客の心理や立場を問題にしている。つまり、単なるサービスの提供ではなく、ここでは、いかに運ぶか、いかに伝えるかという「how（いかに）」の経営・会計に深く関わっている。

したがって、会計学の見地から消費者・顧客を企業の利害関係者として捉えた場合、ホスピタリティの視点から今日の企業の経済事象を見ると、消費者のための会計という新たな試論が成り立つのではないかと考えることもできる。[9]

---

[8] 通常、ホスピタリティという言葉は、航空会社やホテル業、レストランなどの接客の仕方について用いている場合がほとんどである。しかし、今日の食品偽装などの不祥事を顧みると、サービス産業にとどまらず、製品の製造段階まで遡ってマネジメントのあり方を再考すべきである。ホスピタリティは、すべての企業に通用する消費者志向の新しい概念である。

　また、ホスピタリティは、国家や地方自治体などの様々な共同体においても知的な示唆を与えてくれる。

[9] 世界各国で発生している商製品ないしサービスの偽装問題は、究極的には商品を提供する企業と消費者・顧客との信頼関係であると考えると、商品の品質を維持し、さらに向上させる原動力は、企業倫理としてのホスピタリティにあるものと思われるのである。

　フランスの場合、以前、チーズやワインの産地偽装や不正表示、加工の過程で不純物が混入しないように第三者機関であるINAO（Institut National des Appellations d'Origine）が品質を管理するというAOC（Appellation d'Origine Contrôlée）とい

3. ホスピタリティと会計の関係

　製品や商品は、資産として認識・測定されるが、サービスはそれ自体、第1章で見たように、資産として認識・測定されることはない。しかし、それでもサービスは無形の財ではあるにせよ、商品化され、いわゆる製品や商品と同様に提供される。そして、現金・現金等価物と交換され、収益として実現する。例えば、ホテル（企業）は、一時的に滞在するための客室利用というサービスを顧客に提供する。客室を24時間利用するのであれば、客室を24時間利用するという経済的な権利と対価交換するのである。その際、顧客が支払った客室料に対して発生する人件費、光熱費、水道代、洗濯代などの付随費用がサービス原価として認識・測定されるので、理論上、客室を利用するというサービスは貨幣によって定量化されることになる。したがって、客室の単価を低くするには、諸々のサービス原価を節約すればよいということになる。しかし、ここでも過度な経費の節約は、顧客のホテルに対する満足度を低下させたり、場合によっては、悪評をもたらすことさえある。したがって、サービスは顧客の期待に応じて売買されるものであると認識することができる。

　それに対して、ホスピタリティは客室の利用料金に等しい交換価値をもっているわけではない。顧客は、フロント、ベルボーイ、レストランなどの感じの良い対応そのものを買うことができないからである。この場合、「感じが良い」

　　　　う制度を設けたので、消費者の信頼を取り戻したという経緯があった。INAOとは、フランス農林省管轄の組織であり、生産者・消費者・行政官の3者より構成され、AOCの認定・運用などの業務を行っている機関である。こうした制度や機関は、今のところ日本には存在しない。したがって、法律の強制力を背景に偽装問題を解決するという試みも一定の効果が期待できるが、生産者、販売業者から消費者に至るまでの人と人との信頼を維持・向上させるシステムについては未着手なのである。
　　　　　特に、ブランドのある企業の持続性を問題にする場合、企業経営者の自浄作用を期待するシステムを構築すべきであると考える。つまり、商品の品質を保持する以上に、安全性、快適性、アメニティなどを提供する企業文化をつくるためには、消費者とともに、経営・会計情報を共有する「消費者のための会計」という領域が不可欠である。

第3章 消費者のための会計は可能か？

という言葉には 2 つの条件を満たしていなければならない。第 1 に商品やサービスの品質が保証されていることと、第 2 にホスピタリティがあるということである。例えば、第 1 の条件としては、客室の洗面所が水漏れをしていたというケースを想定する。その際、洗面所を修繕するか、別の新しい部屋を提供し水漏れのない客室環境を維持するといった対応がそれに該当する。そして、第 2 のホスピタリティ（居心地の良さ）とは、顧客の客室に対する期待を損ねないという下限のサービスを維持しつつ、顧客の要望をきちんと聞き取り、充分な対応をすることが求められていることである[10]。ホテルに数日間滞在したとしても、ほんの 2、3 分のフロントの対応が、顧客のリピートの鍵になることも多い。それを「人対人のホスピタリティ」と呼ぶことにする。

　第 2 のもう 1 つの事例としては、ホテルのロビーに入った時に、そこに活けられた花が感じが良い場合もあれば、活け方が無造作であったり、酷い時には長らくしおれている場合もある。あるいはスリッパが片方、裏向きに放置されている場合があるとする。これらの場合、顧客が部屋を利用するというサービス自体には何ら無関係であるが、顧客にとっては、持続的に同じホテルを利用するかどうかという重要な判断の材料になっているはずである。従業員の対応はもちろんのこと、建物や備品のあり方も、ホスピタリティの問題である[11]。これを「場所のホスピタリティ」と呼ぶことにする。

　しかしながら、いくらホスピタリティ（快適性）にあふれ、スタッフのサプライズにより、顧客の側に、驚き、感動、喜びなどという心の変化があったと

---

[10] 本書で定義したサービスの概念では、単に製品・商品ないしサービスを消費者や顧客に引き渡すことで完結し、消費者や顧客の精神状態にまで立ち入らないので、不親切な対応をした場合には、消費者や顧客の信頼関係を壊す事態もあり得る。

[11] ディズニーランドやスターバックスなどの人気のある企業を見る場合、ホストとゲストの相互性に着目されがちであるが、案外、そのバックグラウンドである建物や備品、あるいはお金をかけている設備資産をホスピタリティの源泉として捉える向きが少ない。必要最小限度の店舗でも充分に利益を上げている企業もあれば、文化的風土を盛り込んだ店舗であるからこそ集客力がある場合もある。したがって、経営学的視点からすれば、ホスピタリティを生まれやすくする土壌づくりもそれ自体、場の提供としてのホスピタリティになっていると思われる。

しても、それを貨幣によって定量化する方法がないので、会計の情報としてはまったく表れない。従業員が心を込めて仕事をしているか、手を抜いているか、ホスピタリティが充実しているかどうかはわからない。たいていの場合、そうした情報としては、口コミ以外に判断材料はないだろう。また、ホテル・レストラン・医療などの業種以外では、口コミすらないのが現状である。

　もっとも、企業がホスピタリティをマネジメントに取り入れるかどうかという根本的な判断は、経営者に委ねられるが、消費者・顧客に対して何の会計ないし経営情報も開示されないというのは問題である。つまり、企業が、今後の経営においてホスピタリティを実践していくならば、ホスピタリティ情報を共有し、相互に発展可能な道を拓かなければならないからである。ここでは、財務報告、財務諸表での開示に限定してホスピタリティの問題を捉えている。例えば、新興企業の場合は、ホスピタリティについては未知数であるが、顧客ないし消費者は、経営者のホスピタリティに関する心構えや心情の説明を期待するだろう。伝統のある企業においては、ホスピタリティは企業のブランドとともに超過収益力をもつ場合もあるので、付加価値として企業価値に算入される無形資産となる場合もある。その場合、消費者や顧客のみならず、株主・投資家をはじめとする利害関係者においても重要な会計・経営情報になるものと考えることもできる。

4. アカウンタビリティと消費者

　一般的に、企業会計では、資金の調達源泉は負債と資本であると理解されている。債権者に対しては、借り入れた資金の返済義務を果たせる状況にあるかどうかという債権者保護の観点から貸借対照表や損益計算書の開示が義務づけられている。企業（経営者）と株主の関係は、資金の委託・受託という関係があるので、企業（経営者）は株主に対して、資金の運用状況を財務諸表で開示しなければならない。

　それに対して、企業（経営者）は、消費者に対しては、何ら企業活動を開示

するアカウンタビリティ（説明責任）はないものとされてきた。つまり、消費者には、債権者や株主のような資金の委託・受託のような関係が発生しておらず、消費者に対して財務諸表の開示や会計報告の義務はないのである。しかし、資金調達の源泉は、あくまでも貸借対照表上での資金移動を捉えているのであり、試算表を中心に考えれば、収益も負債・資本と並ぶ資金調達の源泉をなしている。商品や備品を購入する場合や借入金の返済に充当する資金が、負債・資本から拠出されているのか、それとも収益から充当されているのかは判別がつかない。もちろん、消費者は、企業に資金を委託するという意思で商品やサービスを購入するわけではない。しかし、企業の＜持続可能性＞という観点から見れば、消費者が同じ商品や同じサービスを何度も繰り返し購入し、持続的な消費者になると捉えることもできる。さらにまた、その消費者の子供や孫の世代に至るまで当該企業の商品やサービスを購入し続けていれば、当該企業に何らかの超過収益力（のれん）を発生させているかもしれない。また別の視点から見れば、そうした消費者は、持続的に資金を提供していることにもなるのである。もちろん、債権者のように、資金提供をしているわけでもなく、株主のように出資をしているわけではないが、購入代金は、資金提供と同じ働きをすることから、消費者は資金調達に一役買っているということもいえなくもない。実際、借入にせよ、出資にせよ、売上にせよ、いずれの場合も現金ないし現金等価物として企業内にストックされている。企業としても、企業内で合算されたおカネを借入資金のものか、売上によるものか、おカネ自体を区別することはできない。売上ないし収益が資金の調達であると明示しているのは、唯一、試算表等式においてであるので、ここでは試算表をもとにして考察してみたい。

　図表3-1の試算表①ように貸方をすべて資金調達と見れば、消費者や顧客に対しても、製品や商品サービスの品質の他に企業（経営者）は、当該企業の経済活動（消費者に対していかにホスピタリティを提供してるかということ）を説明するアカウンタビリティ（＝説明責任）があると考えることもできる。

4. アカウンタビリティと消費者

図表 3-1 試算表における企業価値

図表3-1の試算表①の収益は、利益を生み出すための企業活動の源泉を示しているが、長期間にわたり、同一ないし同種類の商品が企業のブランドとして売れ続けている場合には、収益も企業の継続性ないし持続性を保つ資源となっている。例えば、フランスにあるαワイン社のαワインという商品が売れ続けていたとする。αワインは、αワイン社の切り札として収益を持続的に維持し続けると、そのワインの品質は、多くの消費者によって信頼されるようになる[12]。企業と消費者との信頼関係が続けば続くほど、実際の企業価値は図表3-1の試算表②のように見えざる資本の増加をもたらしているはずである[13]。通常、ここに示されるのれんは、商品の品質のブランドが認識の対象となっているが、売れ筋の商品を維持するための広報、販売、顧客管理、顧客アンケートのフィードバックなどもブランドの確立に多大な貢献をしている。したがって、消費者から得た資源は、αワインの品質の保持と改良、企業の消費者に対するホスピタリティの賜物であるともいえるだろう。また、仮にαワインに不純物を意図的に混ぜ、それが露見した場合には、収益は即座に減少し、企業価値は試算表①の総資産を下回ることになる。それゆえに、さらなる収益の増加には、消費者から得られた資源をαワインの品質の保持と改良、消費者に対するホスピタリティの向上に使用されることが期待されているとみなすこともできる。つまり、消費者は、αワインを購入することで資金を投資し、企業はその資金を受託し運用するという関係があると捉えるのである。そのように考えると、企業が持続的な収益の源を維持していくためには、消費者・顧客に対し、どのような企業活動を行っているかということを逐次、説明・報告する義務がある。また、この場合、消費者に対する情報の開示は、債権者や株主の目的適合性とは異なるので、消費者に直接関連するものでなくてならないが、企業の盛衰を担う情

---

[12] ワインの品質管理を徹底させても、近年は、オーストラリア、米国、チリなどのワイン業者による競争が激化してきている事態を鑑みると、商品の品質に付加価値を付けていかなければ収益を維持していくのは困難である。
[13] ここでは、制度会計上、自己創設のれん計上の認否を問題としているのではなく、ホスピタリティの蓄積によって資産（≒のれん）、純資産が増加していると想定するのは自然なことであるという意味である。

報ともなれば、株主や債権者にとっても不可欠な投資情報になることだろう。

周知のように、今日、CSR 会計の成長によって、企業は自発的に環境報告書を開示するようになってきた。地球温暖化の問題を避けて通ることはできないからである。この環境情報の開示は、地球の公害ないし汚染の状況が露見し、企業の地域住民に対する説明責任が顕在化してきたとも受け取れる。消費者に対する情報の開示は、経済成長下にあって、地域住民をないがしろにした結果、企業は環境マネジメントを取り入れ、環境会計に取り組み始めた。環境会計の導入の経緯と消費者のための会計を起案する経緯とは、その成り立ちがよく似ている。したがって、消費者のための会計は、環境会計同様、社会責任会計として位置付けることも可能ではあるが、上述のように、アカウンタビリティの古典的な解釈を援用して資金の委託・受託という関係を斟酌することもできるので、企業の説明責任としては必要不可欠であると指摘することもできる。

つまるところ、消費者に対する情報開示としては、今のところ、1）製品・商品やサービスの品質、2）消費者ないし顧客に対するホスピタリティの 2 点を重要な事項としてあげることができる。前者の品質については、当然のことであるにせよ、その品質を支えているのが企業経営者や従業員のホスピタリティであるとすると、企業がどのようにホスピタリティを実践しているのか、その内容をできる限り定量化して会計情報や経営情報にまとめ、比較可能な情報として提示すべきである。また、ホスピタリティは、経営者の心の問題やコンプライアンスと関連しているために定性的な情報しか作成できない場合も多いので、例えば、顧客のリピート率などの顧客情報分析を付加するなど、貨幣による測定という基準を緩めることによって比較可能な数値を出すという工夫も必要となるだろう。

5. 消費者のための会計情報

5.1 企業の行動基準

　消費者を悪徳業者から保護するための法律や行政サービスは、比較的古くから存在しているが、一人一人の消費者に親切で心配りの行き届いている企業を選別するための会計情報を利害関係者（消費者を含む）が手に入れることはできない。今のところ、企業がホームページで自主的に公開している情報を読むか、企業の事業報告書で経営者が消費者について書いている文章を参考にするしかない。しかしながら、上述したように企業がサービスとホスピタリティの違いを認め、ホスピタリティによるマネジメントを実践するようになると、株主や債権者などの利害関係者（消費者を含む）は１つの有力な利害関係者として、・消・費・者・の・た・め・の・会・計・情・報ないし・経・営・情・報を期待するようになるだろう。

　消費者のための会計は、CSR 会計の環境会計の成り立ちとよく似た経緯を辿るように思われるが、そこにはいずれも法と会計の重要な課題がある。つまり、戦後、企業が利益極大化を主たる目的として、地球環境の保全を顧みず、地球環境を破壊してきたという社会的背景が赤裸々になるにつれて、法的な整備が先行し、その後、企業の環境に対する取り組みがステイクホルダーにとって重要な会計情報になってきたという経緯である。企業は、環境法、消費者保護法という法律の発展とともに、積極的にホスピタリティの会計を導入するであろうという仮説を立てることは、今や唐突なことではないように思われる。つまり、企業が商製品の偽装を防ぐためのシステムをつくっているか、また、企業が消費者の信頼を得るためにどのような企業行動をとっているかという情報は、利害関係者にとってより有用な情報になる可能性を秘めているからである。法と会計の関係を簡略化して図示すれば図表 3-2 のようになる。

図表 3-2　消費に関する法と会計の考え方の相違

	会計	法
基準	企業の消費者に対する行動基準	消費者保護法 消費法典 etc.
期待される効果	企業不祥事の防御 企業の信頼性確保	企業に制裁を課すこと 企業不祥事の防止

　日本の場合、1968年に消費者保護法が制定されたが、そこでは消費者の権利や消費者に対する情報公開については極めて不十分な記述にとどまっていた。企業と消費者の明確な権利・義務を整備し、交渉や訴訟のための能力を高めることと、企業の消費者に対する情報公開を推進する必要性があったので、結局、消費者が1人の利害関係者として自立するための法として、2004年に新たに消費者基本法が制定されたのである。消費者保護法の未整備状況という点では、今のところ、米国、欧州、その他の国々も同様の状況であり、消費者保護法は極めて難航しているといえよう。

　消費者保護法は、欧州のなかでも足並みは揃っていない。日本同様に消費法典があるフランスでは、情報提供義務を規定している消費法典〔(Code de la consommation)〕(1992年)が制定されているが、欧州共同体指令(2001年12月3日指令2001/95/CE)を受け、第2編安全　第1章予防　第L221-1条において、「製造者」や「販売業者」の定義を明確にするために2008年8月23日、以下のように消費法典を改正し、法の整備に努めていることがわかる。[14]

« 1° " Producteur" :
« a) Le fabricant du produit, lorsqu'il est établi dans la Communauté européenne et toute autre personne qui se présente comme fabricant en apposant sur le produit son nom, sa marque ou un autre signe distinctif, ou celui qui procède à la remise en état du produit ;
« b) Le représentant du fabricant, lorsque celui-ci n'est pas établi dans la Commu-

---

[14] http://www.legifrance.gouv.fr/　2010年10月8日取得、参照。

nauté européenne ou, en l'absence de représentant établi dans la Communauté européenne, l'importateur du produit ;
« c) Les autres professionnels de la chaîne de commercialisation, dans la mesure où leurs activités peuvent affecter les caractéristiques de sécurité d'un produit ;
« 2° " Distributeur": tout professionnel de la chaîne de commercialisation dont l' activité n'a pas d'incidence sur les caractéristiques de sécurité du produit. »
II.-Il est ajouté au même article un alinéa ainsi rédigé :
« Les producteurs et les distributeurs prennent toutes mesures utiles pour contribuer au respect de l'ensemble des obligations de sécurité prévues au présent chapitre. »[15]

1. 製造者
a）EC 内に本拠を置く製品の製造者と、商品に自分の名前、標示または特有の印を明示して製造者と名乗る全ての者、または製品を修理する者。
b）EC 内に本拠を置かない製造者の代表者、または EC 内に代表者を持たない場合はその製品の輸入業者。
c）製品の安全性の特性を変える可能性を持った、流通網に関わる全ての業者。
2. 流通者：その活動が製品の安全性の特性に影響を及ぼさない、流通網に関わる全ての業者。

製造者と流通者は、本章で規定された安全に関するすべての義務を遵守するべくあらゆる措置を講じる。[16]

改正前は、≪ responsable de la mise sur le marché（市場における責任者）≫[17]や≪ professionnel（業者）≫[18]といった曖昧な義務の名宛人が、≪ producteur（製造者）≫や≪ distributeur（流通者）≫という明確な語義に変わったので

---

[15] http://www.legifrance.gouv.fr/affichCode.do;jsessionid 2010 年 10 月 8 日取得、参照。
[16] http://www.consumer.go.jp/seisaku/caa/kokusai/file/foodpolicy/annex/annex0202_france_consumer_code.pdf 2015 年 12 月 3 日取得、参照（内閣府仮訳）。
[17] 著者の訳語
[18] 同上

ある。フランス語でいう≪ professionnel（業者）≫という言葉は、医師、弁護士、公認会計士のような専門職を指すのではなく、単に事業を行っている者という抽象的な言葉であり、いかなる事業を行っているのかまでを規定するものではなく、≪ producteur（製造者）≫や≪ distributeur（流通者）≫の両方が含まれている[19]。この場合、義務の名宛人が明確になるということは、利害関係者が明確になることである。財務会計におけるステイクホルダーという言葉も、法と同様に名宛人を明確にしなければならない。企業を取り巻く利害関係者一般ということで、個々の利害関係者との位置関係が今一つ明瞭化されてない。ここにも、株主や債権者以外の利害関係者、特に消費者や顧客がいかに企業と関わるのかという問題が、いまだ置き去りにされている理由があるように思われる。

　また、消費に関する法は、図表 3-2 に示したように企業に対して制裁を課し、市場の健全性を維持するために市場に一定の網をかけるという再発防止の効果は期待できる。しかし、1）企業が持続的に消費者の権利を侵害せずに商品やサービスを提供し続けること、2）企業（経営者・従業員）と消費者の信頼関係を維持し、さらに良好なものにしていくために、ホスピタリティの情報提供を行うことは、今後、会計に課せられた重要な課題となるだろう。消費者に対する会計基準は、図表 3-2 の通り欠けているが、法の整備とともに検討に値する。日本では、2002 年に日本政府（内閣府）の諮問機関である国民生活審議会が「消費者に信頼される事業者となるために―自主行動基準の指針―」の最終報告を提出し、そのなかで企業が自ら消費者に信頼されるための行動基準をつくり、消費者等の外部に情報を開示し、新たなコミュニケーションをとることを進言している[20]。また、報告書は「従来、消費者は主として商品・サービスを評価の対象としてきたが、今後は経営姿勢を含めて評価を行い、企業文化

---

[19] 松田真治「フランス保険法における保険事故招致に関する故意の拡張論」『生命保険論集第 186 号』2014 年 3 月、179-213 ページ参照。
[20] 国民生活審議会消費者、政策部会自主行動基準検討委員会『消費者に依頼される事業者となるために―自主行動基準の指針―』2002 年 12 月。

をより消費者重視に変えていくことが重要である。」と記している。

　つまり、従来は、企業と消費者との関係が曖昧にされていたが、法の整備を背景に両者とも独立したエンティティであるという前提条件を明確にしたうえで、企業会計上、「消費者に対する会計は可能か？」という問題を出すことができると思われる。そして、1）既存の財務諸表のなかで開示される情報、2）新たな会計報告書によって開示される情報、3）その他の情報が想定できる。企業の経営行動は、例えば、経営戦略のような企業内部の経営上の情報も含んでおり、手放しで消費者を経営に参画させるわけでもない。どの程度の情報を開示するかという加減の問題は常に残されている。

5.2　消費者に対する新たな情報開示

　既存の財務諸表を変革して、ホスピタリティ情報を採取することができるようにする方法としては、1）ホスピタリティの視点から貸借対照表の設備資産を分類・表示を工夫することや、ホスピタリティに関連するのれん（無形資産）としての資産価値があるのか否かを検討する余地もあること、2）損益計算書におけるホスピタリティに関する費用の認識・測定[21]、3）附属明細表のなかでの新たなホスピタリティの資産と費用の認識・測定、4）ホスピタリティ関連事象を注記に記載することの4点があげられる。しかし、この場合、伝統的な会計の枠のなかで組み入れることを考える以上、貨幣による認識と測定という定量化の条件のもとで思考するという制限がある。企業と消費者の信頼性という心の問題を本格的に説明するには、経営者の経営方針やコンプライアンス経営の取り組みなど、定性的情報の重要性を無視するわけにはいかない。したがって、制度会計の枠を外れるとしても、適宜、経営者のホスピタリティに対する説明が不可欠であり、非財務情報としての新しい報告の開示が検討されねばな

---

[21]　第1章参照。今のところ、ホスピタリティの観点から資産や費用の性質を分類するという試みはないので、本書では、既存の財務諸表のなかで認識可能な情報と、新たな変形損益計算書を作成し、利害関係者の用途に資することを提言している。

らないように思われる[22]。つまり、いわゆる伝統的な会計では、製品を製造して、それを販売するという過程において分配可能な利潤が生まれることを会計認識の主な対象としてきたが、今日、そうした交換経済からホスピタリティを包含する新たな経済へとパラダイムが転換しつつある状況を見逃せなくなってきている。そこで以下、ホスピタリティの視点から資本循環の図式を再考したいと思う。

図表 3-3　資本循環の図式[23]

　　　現金－｛材料－製品｝　or　商品－（現金 +b）
　　　　①　　　　②　　　　　　③　　　　④
　　　（現金 +b）－｛材料－製品｝　or　商品－（現金 +b1+b2）……
　　　　①　　　　　　②　　　　　　　③　　　　④

　　　　b：利潤（bénéfice[24]）

(A)「現金－｛材料－製品｝or 商品」の過程におけるホスピタリティ
　①：材料購入のホスピタリティ（現金－材料）
　②：製造段階のホスピタリティ（材料－製品）
　③：商品購入のホスピタリティ（現金－商品）

(B)「製品・商品－（現金＋b）」の過程におけるホスピタリティ
　④：販売過程のホスピタリティ

通常、伝統的な会計が現金－商品－（現金）という資本循環を貸借対照表・

---

[22] 第 2 章参照。FASB や IASB の財務報告の捉え方が、単なる基本財務諸表の範囲に限定せず、経営者が経営方針などを説明する MC（Management Commentary）をも含めているという見解が出てきている。当面のところ、新しく登場した「統合報告書」の開示内容について検討すべきである。

[23] マルクスの資本循環の図式を会計のプロセスに合わせるという説明の仕方は、日本の会計においては非常に一般的なスタイルである。しかし、ここではその是非というよりも、今日、ホスピタリティが販売過程に限定されている場合が多いので、すべての段階において消費者志向の重要な論点が隠されており、それを相互に関連づけて、ホスピタリティ報告書を作成すべきであるという視点を提示している。

[24] ここでは、便宜上、利潤のことを b と表記する。

損益計算書に写像することで事足りたが、それぞれの過程において（A）や（B）の付加価値ないし新たな企業の経済活動が事業の盛衰を担う領域であると捉えると、伝統的な会計報告書とは別に新たなホスピタリティ報告書を作成する必要がある。資本循環範式は、一般的に製造業を前提としており、実際には、小売業などの場合、製造過程はなく、他社で製造された財（＝商品）を販売するので、ここでは製品 or 商品として資本循環の図式を少し変形させた。企業が手持ち資金によって魅力ある商品を仕入れてくるケースをも取り上げたいと考えたためである。そのように考えれば、材料購入のホスピタリティ、製造のホスピタリティ、商品購入（商品の仕入）のホスピタリティ、販売過程のホスピタリティという4つのホスピタリティについて、段階別の報告が必要となる。[25]

通常、ホスピタリティという語は、接客や営業の側面での顧客対応を指すようであるが、製造と仕入の段階でのホスピタリティ（消費者・顧客の期待や要望を反映する仕組み、徹底した検査の仕組みや施行など）をいかに保全しているかという品質のホスピタリティがなくては、最終的なクライマックスである販売過程のホスピタリティが意味をなさないからである。例えば、前述したように、携帯電話やインターネット、テレビなどの通信事業であれば、販売の局面で、顧客をいくら喜ばせ、コンヴィヴィアル（共愉的）な関係をつくる努力をしても、製造の段階でホスピタリティが欠けていては元も子もない。パソコンの製造を1つの事例としてあげると、高齢者や障害者に必要な情報を提供する仕組みや、青少年に有害なサイトを閲覧させない仕組みなどが同時に開発され、消費者が被害を被らない仕組みを事前につくらなければ、企業活動全体の

---

[25] 今日、企業の全業種のなかでもサービス業が大きな割合を占めてきている状況下において、資本循環範式そのものが、サービス業を含めたすべての企業会計の資本循環を説明する範式になっているのかという根本的な問題を残しているように思われる。つまり、会計の観点から商品とサービスをまったく同一のものとして捉えるか否かという課題が置き去りにされているのである。製品・商品とサービスが同一のものではないと考える場合には、サービス業については、範式とは別の資本運動があるはずである。したがって、ここでは、サービス業のホスピタリティという基本的モデルが見つけられないのである。

5. 消費者のための会計情報

ホスピタリティが満たされないからである。また、仕入に際しても、バイヤーのホスピタリティは重要である。本章の第1節で示したように、地球規模で必要としている消費者に必要な製品や商品を仕入れ、販売するというプロセスはホスピタリティの醍醐味でもある。①から④のホスピタリティは相互に関連し、フィードバックし、再考することでより有効に機能するという特徴をもっている。

ゆえに、ホスピタリティは、時代の流れに応じて、姿形を変え、企業の新たな創造と営為による産物となる。まさに新しい製品の開発と同様、試行錯誤の結実である。大量に製品を製造し、大量に販売するというフォード生産方式は顧客のニーズを顧みなかったことで大きな問題点を残した。現代の企業は、少子高齢化などの消費者の特殊な事情に配慮し、顧客のニーズに合うものを提供するという消費者志向に変化してきている。企業の商品偽装などの一連の事件は、企業経営者の「つくれば売れる（経営のための経営）」という消費者不在の環境から生じているのである。

5.3　ホスピタリティ報告書の可能性

企業が消費者や顧客に対して不良品を売るのを防御し、同業他社との競争原理が商品やサービスの品質にのみ依存するのではなく、消費者・顧客との信頼関係を構築し、利益計画を改善していくための方法として、ホスピタリティ・マネジメントを援用することが1つの試みとして出てきている。5.1項で述べたように、EU、アジア、米国など地球規模で消費者の市場への参加と、法的な保護、積極的な情報開示という方向性は今後さらに勢いを増し、消費者は利害関係者として株主や債権者と肩を並べることだろう。というのも、消費者政策は、環境保護の問題が人々の生命身体に関わる重要事項であるという国際的なコンセンサスと等しいからである。様々な商品の不良によって消費者が不利益を被るのは、財産上の損失のみならず、生命身体の危険性を伴うことも意味

26　昨今の企業不祥事は製造段階でのホスピタリティの欠如である場合が多い。

する。そうした経済の状況下で企業が環境やホスピタリティにどれだけ関わり、持続的な経営を行っているか、あるいは行う意思があるかという情報は、株主、債権者、経営者、消費者など、すべての利害関係者に有用な情報をもたらすものと思われる。つまり、消費者志向という視点からは、現代企業の選別の基準が、企業の良心ないしは企業に対する信頼へと移りつつあるからである。

今日、多くの企業は利益の隠ぺいや水増しを行うリスクをもっており、利益を生み出すための経営の法則が、迅速性、効率性、合理性、機能性、利便性、価格性を極める点にのみ長らく依存してきた。そして、そうした価値観が行き過ぎると、不祥事を引き起こすことも次第に露見してきた。ホスピタリティ・マネジメントとは、新たな価値創造であり、個々の消費者・顧客の新しいニーズを開拓することによって材料投入のあり方、製造のあり方、商品の仕入の仕方、販売の仕方を変化させることで新たな利益のポイントを発見することにある。もちろん、迅速性、効率性、合理性、機能性、利便性、価格性を排除すれば、企業の営利活動は成り立たない。ここでは、それに相反するホスピタリティの思考を導入することで、従来の経営の思考の負の部分を解消していくことを提言している。企業が資金を投下させる時点より、企業と消費者・顧客の相互的な精神性を重んじ、安全性、娯楽性、コンヴィヴィアリティ（共愉性）、安寧性、創造性などの知的財を最大限に活用することで、消費者・顧客とともに不正を起こさないマネジメント・会計を発見しなければならないからである。

したがって、ホスピタリティ報告書としては、まず第1に、企業経営者のホスピタリティに関する経営方針とその具体策を示し、第2に、資金投下から材料購入、製品の製造、商品の購入、販売過程の各段階を分析し、ホスピタリティ〈安全性、娯楽性、コンヴィヴィアリティ（共愉性）、安寧性、創造性〉などの観点から消費者の需要に応えるシステムないし受け皿をつくる必要がある。例えば、暫定的に図表3-4を想定することもできる。[27]

---

[27] この書式はあくまでも便宜的なものであり、様々な企業の創意工夫によりホスピタリティ報告書のフォーマットや記載内容を考えることができるだろう。

図表 3-4　資本循環と各段階別のホスピタリティ

	材料購入の ホスピタリティ	製造段階の ホスピタリティ	商品購入の ホスピタリティ	販売過程の ホスピタリティ
安全性	(1)	(2)	(3)	(4)
娯楽性	(5)	(6)	(7)	(8)
コンヴィヴィアリティ（共愉性）	(9)	(10)	(11)	(12)
安寧性	(13)	(14)	(15)	(16)
創造性	(17)	(18)	(19)	(20)

　ホスピタリティを数値で置き換えるためには、例えば、企業の自主到達基準を作成して図表 3-4 の (1) から (20) の箱のなかに点数を記録することもできる。また、数値化が困難な場合には、現在の取り組みの方向性を言葉で説明することもできるだろう。図表 3-4 は、あくまでも暫定的なものであるが、こうした報告書の作成を起案することにより、既存の財務諸表では認識できないホスピタリティを認識・測定することができる。今日まで、消費者のための会計は存在しなかったが、新しい会計の説明責任の所在を確認することで、新たなコミュニケーションをつくり出すことが肝要である。

　一方、消費者や顧客が企業のホスピタリティを評価したり、企業や第三者機関が行ったアンケートなどを外部に公開することで、企業側の提示したホスピタリティ報告書とのすりあわせが可能となる。そもそもホスピタリティは相互性によって発展すると考えれば、両者の相互的なコミュニケーションが新しい企業価値を生み出す源となる。企業側と消費者・顧客が双方向性をもち、将来的にホスピタリティ監査の導入などにつながれば、性悪説を完全に駆逐するということはできないにしても、偽装や経理不正を防御することにつながることで、経営の自浄作用をもたらすことになるように思われる。

6. おわりに

　従来より、会計では消費者・顧客（いわゆるお客様）は、利害関係者として充分に取り上げられてこなかった。その大きな理由は、法的には企業の財産に対する請求権が確立されていないという点と、経営的には消費者の経営参加がないという点があげられる。また、アカウンタビリティの観点からは、企業に出資していることで利害関係者として筆頭である債権者や株主に対して、企業は資金の運用状況を説明しなければならない。一方、出資という視点をもたない消費者に対しては何ら説明責任がなかったので、消費者の立場は極めて希薄であったことは否めない。

　ただ、本章でも指摘したように、欧州や日本をはじめとする国々が消費者保護を基調とする消費者政策に乗り出し、健全な市場を保全しようとしている。というのも、消費者は、法的にも企業の責任を問う能力に乏しいばかりか、安易に商品偽装などの不利益を被る可能性があるにもかかわらず、何ら会計・経営情報を受け取る機会さえなかったのである。昨今の一連の偽装事件や企業におけるホスピタリティ・マネジメントの導入を通して、経済事象を再認識すると、今日、企業と消費者や顧客の関係を問わなければならない時代にきているように思われる。つまり、企業と消費者の信頼関係がなくては商品やサービスを持続的に販売することができず、事業の永続性も保たれないからである。

　最後に、ホスピタリティ企業の代表格であるジョンソン・エンド・ジョンソンのクレドを参照しておきたい。ここでは、最も重要な利害関係者が消費者・顧客であることが記載されている。その次に、全社員、そして地域社会、最後に株主に対する責任があげられている。ジョンソン・エンド・ジョンソンの顧客対応の素晴らしさは、よく取り上げられているが、下記のクレドが上手く機能していることは間違いないだろう。

6. おわりに

「**我が信条**

我々の第一の責任は、我々の製品およびサービスを使用してくれる医師、看護師、患者、そして母親、父親をはじめとする、すべての顧客に対するものであると確信する。顧客一人一人のニーズに応えるにあたり、我々の行なうすべての活動は質的に高い水準のものでなければならない。適正な価格を維持するため、我々は常に製品原価を引き下げる努力をしなければならない。顧客からの注文には、迅速、かつ正確に応えなければならない。我々の取引先には、適正な利益をあげる機会を提供しなければならない。

我々の第二の責任は全社員――世界中で共に働く男性も女性も――に対するものである。社員一人一人は個人として尊重され、その尊厳と価値が認められなければならない。社員は安心して仕事に従事できなければならない。
待遇は公正かつ適切でなければならず、働く環境は清潔で、整理整頓され、かつ安全でなければならない。社員が家族に対する責任を十分果たすことができるよう、配慮しなければならない。社員の提案、苦情が自由にできる環境でなければならない。能力ある人々には、雇用、能力開発および昇進の機会が平等に与えられなければならない。我々は有能な管理者を任命しなければならない。そして、その行動は公正、かつ道義にかなったものでなければならない。

我々の第三の責任は、我々が生活し、働いている地域社会、更には全世界の共同社会に対するものである。我々は良き市民として、有益な社会事業および福祉に貢献し、適切な租税を負担しなければならない。我々は社会の発展、健康の増進、教育の改善に寄与する活動に参画しなければならない。

我々が使用する施設を常に良好な状態に保ち、環境と資源の保護に努めなければならない。

事業は健全な利益を生まなければならない。我々は新しい考えを試みなければならない。研究開発は継続され、革新的な企画は開発され、失敗は償わなければならない。新しい設備を購入し、新しい施設を整備し、新しい

製品を市場に導入しなければならない。逆境の時に備えて蓄積を行なわなければならない。これらすべての原則が実行されてはじめて、株主は正当な報酬を享受することができるものと確信する。」[28]

---

[28] https://www.jnj.co.jp/group/credo/index.html?nv=side　2015年12月3日取得。

第4章
ホスピタリティの述語性について

1. はじめに

　日本の東京オリンピック招致の際には、流行語のように「おもてなし」「ホスピタリティ」という語が使用されていたのは周知のことである。そこには、文化的な背景もあると同時に、日本の閉塞的な経済状況を打開する一助として、観光業を主軸とした経済活性化の意味合いも多分に含まれていたように思われる。「ホスピタリティ」という語が経済の活性化という意味合いで、経済事業のポリシーのような役目を果たしているところに着目すると、ホスピタリティという従来の友愛ないし慈善的な意味合いとは異なり、いつの間にか、もともとの語源とは離れて動き出している新たな言葉であるように思えてくる。ホスピタリティとはもともと、施しや癒しといったニュアンスの語で、金銭の授受とは無関係な意味であったはずである。それが今日、原義から離れ、マネジメントのなかに組み込まれるものとして捉え直すことで、新概念としてのホスピタリティが＜一般化＞されようとしているのかもしれない。

　しかしながら、ホスピタリティという言葉が、もともとの語源とまったく切り放された語として独り歩きしているものとも思えない。そこで、著者は無謀にも、「おもてなし」と「ホスピタリティ」の文法上の違いを対比させることで、それらの言葉の固有の意味の違いを抽出してみたいと考えた。したがって、

---

[1] 本書の第1章から第3章までは、主にサービスとホスピタリティの違いについて考察した。そこでは、服部勝人の語源的アプローチが大きな示唆を与えてくれた。ここ

第4章 ホスピタリティの述語性について

本章では、「おもてなし」と「ホスピタリティ」を、まったくの別概念と仮定したうえで、それぞれに個別の有意性があるのではないかという点に着目し考察する。

2. 主語の不在

　ごく一般的には、「おもてなし」も「ホスピタリティ」も、同じ言葉として用いられているが、たとえその意味内容が異なったとしても、たいして実害はないせいか、厳密な区別をして概念上の整理を試みようとする思索はあまり見られない。むしろホスピタリティという外来語よりも、日本の伝統的な「おもてなし」をあえて活用するという向きも少なくない。また、「おもてなし」は、「もてなす」という動詞が名詞化した語義であると捉えると、誰かが誰かを「もてなす」という文章が成り立ち、その場面が茶道の場のように、「ホスピタリティ」よりもよりいっそう具体化したイメージを共有できるという点で、特に日本の場合においてはインパクトが大きい。しかし、それにもかかわらず、なぜ外来語のホスピタリティを幅広く使い始めてきたのだろうか。1つには「も

　　　での検討を会計に置き換えれば、製品・商品の販売、サービスの提供を行う際の人間関係のあり方が中心課題となったが、それを敷衍させる形で、「消費者のための会計は可能か」という問題提起に至った。山本哲士の言葉である「商品を中心にした経済活動」すなわちG－W－G'という資本循環範式に照応させると、ホスピタリティはどのような働きをするかという、いわばG－W－G'の範式の修正を検討したことになる。
　　　しかし、人と人という主語レヴェルでのホスピタリティの検討は、サービスとの違いを明らかにするには都合が良いとしても、「おもてなし」と「ホスピタリティ」の違いが明確にならなかった。「資本を中心にした経済活動」すなわち、述語理論から「おもてなし」と「ホスピタリティ」を検討することが、サービスでもなく、おもてなしでもないホスピタリティの概念を浮き彫りにするのに有効な手立てであると考えた。述語理論から考えるホスピタリティは、よりいっそうその本質を見せてくれる。ここでは、主語不在のホスピタリティ（＝ホスピタリティを生み出す母体）が述語性という観点から文化資本、環境資本、社会的共通資本の土台になっていることが暗に示唆される。それはどのように語られるべきかは未知数であるが、将来的に資本の捉え方によって、経営者も企業の設備投資もホスピタリティ環境を整える資金の活用方法へと今後、変化していく可能性はある。

2. 主語の不在

てなす」という動詞は、主人と客人という主語が確定し、人間関係のあらゆる局面までも包含するには不適切とまではいわなくても、様々な活動のすべてを言い切るのには、不十分であるという点があげられるだろう。例えば、LCC（格安航空）のように、「もてなさない」ことが逆に顧客の意向に沿うホスピタリティであったり、医師と患者の関係ように、「もてなす」という言葉自体に違和感が伴う場合などがある。それは、われわれが日常的に用いている「おもてなし」という言葉の意味には必ずしも合致しない点があるからである。

　「もてなす」という言葉の意味を大辞泉で引くと1）人を取り扱う。待遇する。あしらう。2）心をこめて客の世話をする。饗応する。馳走する。3）そうであるかのようにとりなす。みせかける。4）とりはからう。処置する。5）特に取り上げて問題にする。もてはやす。という5つの意味があるとされている[2]。必ずしも商業上の行為ではないが、たいていの場合、それを厳密に区別して使っているわけでもない。商業や非商業のいずれの場合でも用いており、一般的にはどちらの場合も2）の意味で使っているように思われる。それゆえに、お茶もお菓子も出さないLCC（格安航空）は、最も重要な「おもてなし」の部分をカットして、なおかつ座席のスペースも狭くて窮屈である。同じ「おもてなし」という言葉ではあっても1）の意味でのおもてなしのように思えるので、違和感が伴うのである。2）の意味を外しても経営が成り立つのは、顧客の最大の希望である低価格を実現させているところにある。こうした経営は、何もLCCに限ったことではなく、ディスカウント・ストアなど、無駄を省いて消費者・顧客の満足度を満たすという点で両者の合意が得られているために、いわゆる「おもてなし」がなくても問題はないのである。医師と患者の関係においても、「おもてなし」の医療が模索されているが、今までは1）や4）の意味合いにとどまっていたものを、2）のレヴェルにまで引き上げようとし、ホテル・旅館業のような「おもてなし」をそのまま導入すると、病気になりたくてきているわけではなく、病気を治すために致し方なくきているにもかかわら

---

[2] 『大辞泉』小学館、1995年。

ず、まるで病院にくることが喜びであるかのようなことにもなる。観光業における旅行者（ゲスト）の場合は、宿泊施設のおもてなしを期待しているだろうが、医療業における患者（ゲスト）の場合は、医師（ホスト）から「入院ですね」といわれて喜ぶ者は誰もいないだろう。願わくば、病院とは縁がなく、健康であることが一番であるからである。もちろん、2）の「心をこめて客（患者）の世話をする」という点においては、万国共通であると思われるが、患者が、医師や看護師に「ようこそおいでくださいました」とでも言われようものならそれは不謹慎極まりない。おもてなしよりも病を治して欲しいという意味合いからすれば、観光業のような文脈でおもてなしという言葉を使うことはできないだろう。もし仮にすべての病を治すことができる医療というものがあるのならば、おもてなしという言葉でも違和感はないだろうが、現代の医療はどのような病気でも治すほど高度な域には達していない。

　また、広辞苑（第四版）には、「持て成し」とは、①とりなし。とりつくろい。たしなみ。②ふるまい。挙動。態度。③取り扱い。あしらい。待遇。④馳走。饗応。といった意味であり、「持て成す」とは、①とりなす。処置する。②取り扱う。待遇する。③歓待する。御馳走する。④面倒を見る。世話をする。⑤自分の身を処する。ふるまう。⑥取り上げて問題にする[3]。もてはやす。⑦そぶりをする。見せかける。といった意味であると書かれている。広辞苑の「持て成す」の④では、心がこもっているか否かは記述されていない。大辞泉の2）の「心をこめて客の世話をする」という意味は、現代用語としてのニュアンスを伝えているが、もともとは、そのような意味に重心があったのではなく、3）の「そうであるかのようにとりなす。みせかける」という作為的なところに日本の文化的要素が絡み合っているものと見るべきではないだろうか。昨今の建築ないし食品偽装事件などは氷山の一角である。良心のかけらなどどこにもなく、コストカットによる利益の追求、損失の補填、あるいは行き過ぎた利ざやの「現われ」として、その正体が暴かれてきているのである。極論すれば、「おもてなし」

---

[3] 『広辞苑（第四版）』岩波書店、1995年。

2. 主語の不在

とは、利潤追求のためのウソの作法ともいえるのではないだろうか。ウソには、良いウソもあり悪いウソもある。客人が良いウソに酔いしれることができたならば、それはそれで「おもてなし」という日本固有の作法も功を奏することになる。

今日、「おもてなし」よりもホスピタリティという語を用いるようになってきた背景には、良心不在のような問題に見られる、あたりまえのことをあたりまえにするというケースをカバーする適切な日本語が見当たらないという場面が、極めて多く発生しているいからではないかと、著者は考えている。もちろん、「おもてなし」は不要というのではい。日本の1つの作法として見た場合、それを上手く機能させるには、愚鈍、愚直ともいえるホスピタリティに奥深く接近していかなければ、良いおもてなしマネジメントもまた生まれないと思われる。

「もてなす」という語を活用する場合、当然のことながら、Aという主人が、Bという客人を「もてなす」という具体的な状況が想定されることに注意されたい。つまり、誰かが誰かを「もてなす」ということは、その誰かという主語が極めて具体的に特定化された人物を想定しなければ、「おもてなし」が成り立たないのである。京都の花街のお茶屋さんで、「いちげんさん、おことわり」という精神が脈々と受け継がれているのは、いいかえれば、どこの誰であるかわからない客人を「もてなす」ことはできないということであり、上述したように、主語と客人が特定化されていなければ、「おもてなし」をすることはできないという意味になると思われる。また、よく知られている事例に、安土・桃山時代に織田信長が、安土城において武田勝頼を破った徳川家康の功績を認め、最大限のもてなしをした際、当時の接待係であった明智光秀が失態をして任から外されるという有名な逸話がある。従来、太閤記によれば、徳川家康を迎える饗応の宴で、腐った鯛を出してしまったことが原因のように考えられてきたが、一説には、その饗宴に「鮒ずし」が出されたことに原因があるのでは

ないかという話も見受けられる。「鮒ずし」は、近江の国（滋賀県）の名産品であるが、発酵食品であるために家康の家臣には耐えがたいほど臭くて苦手なものであった。おもてなしをするにはあまりに危険な珍味であった。光秀は、信長も家康も「鮒ずし」が好物であることを確認したうえで出したのだが、家康の家来のなかには苦手な者もいることを考慮しなかったとしたら、あまりにも浅はかな「おもてなし」であると信長が怒ったのも無理はない。あくまでも推測の域を出るものではないし、ここでは、その真偽のほどは歴史の研究ではないので問題ではないが、ともかく安土の饗宴で、織田信長が家康という特定の人物に対して最大限の「おもてなし」をほどこそうとしたことと、お茶屋さんなどの「いちげんさん、おことわり」という日本の流儀ないし心のあり方には、同じ精神が通底しているように思われる。つまり、Aという主人が、Bという特定の客人を「もてなす＝ to entertain」ことによって大きな利得や評判を生む。そこで、「もてなす」ことに成功した場合、お茶屋さんであったり、信長であったり、特定のAという主人にその利得が還元されるという狭義の「おもてなし」が成立するのである。

一方、狭義の「おもてなし」に対して、不特定多数の客人を「もてなす」という場合にも、「おもてなし」という語を用いる場合がある。このことを広義の「おもてなし」と呼んでおきたい。伊勢参りの赤福餅の社是には以下のように記されている。

「『赤心慶福』は、『赤子のような、いつわりのないまごころを持って自分や他人の幸せを喜ぶ』という意味があります。これは、神宮参拝者の心のあり様を表した言葉です。お伊勢さんの参道を歩くときの清らかな気持ちでまごころを尽くし、その人の幸せを自分のことのように喜びましょう。赤福は、屋号・

4　江戸時代の『川角太閤記』において、接待役の光秀が悪臭のする魚を家康に出して激怒され、解任されたという逸話がある。歴史の真相には諸説があり、ほとんどフィクションであるにせよ、安土の饗宴を事例に「おもてなし」を考えてみると、その意味合いを考えるヒントが隠されているように思われる。

2. 主語の不在

商品名の由来『赤心慶福』を社是としています。」[5]

　江戸時代の商業の発展に伴って、「おもてなし」は特定の人ではなく、その人が誰であるかは特定されない他者へと概念の拡張が生じる。オリンピックの事例を取り上げても、この事例と同じく、日本の国民が、オリンピック開催時には、いかなるゲスト（＝他者）をも「おもてなし」の精神で、「赤心慶福」の精神で、「もてなす＝ to entertain」のであり、「もてなす者」と「もてなしを受ける者」という主客が確定していることに注意されたい。つまり、誰かが誰かをもてなしているのであり、広義の「おもてなし」の構文も、狭義の「おもてなし」の主語、動詞、目的語という関係には違いがないのである。

　それに対して、ホスピタリティは、もてなすかもてなさないかということを直接的に問題にするのではなく、慈愛に満ちた「活動」をするという概念である。もちろん、人が人に対して何かを行うという点では、主客はある。それよりも、困っている人がいれば助けるとか、客人に対して不快な思いをさせない、あるいは不快な状況があればそれを打開するという心のもち方が問題となっているのであり、「活動」自体は、あたりまえの「活動」である場合が多いように思われる。つまり、上記のお茶屋さんや大名の「おもてなし」の事例は、なんらかの利得を直接的に得るという点で主体と客体が定まっているのに対し、ホスピタリティにはそれがないのである。つまり、ホスピタリティ概念のコアをごく身近な生活の事例で説明すると、落し物や忘れ物をした人がいれば、それを届けてあげるとか、道端で体調を崩している人を見かけたら声をかけたり、場合によっては救急車を呼んだりすることで、偶然そのような困難な状況が起きた時に、いかに倫理的に対応するかという述語性が主な問題となっているということである。誰かが誰かから直接的な利得を得るためではなく、何らかの困った状況において、誰かが誰かに対してホスピタリティ（人助け）を実践することにより、その後、円滑な人間関係が生まれる可能性が生じる。要するに、そ

---

[5] www.akafuku.co.jp/product/akafukumochi/ 赤福、経営理念、2013 年 10 月 2 日取得。

れをマネジメントに置き換えれば、ある企業体において、企業活動のなかで何らかの困った事態に直面した場合に、Aという人がホスピタリティを実践するかもしれないし、Bという人がホスピタリティを実践するかもしれないということが起こるのである。そこには、偶然その場所に居合わせた人が、主体と客体になるというドラマがあり、そこで問われているのは、AやBという主語ではないのである。

　以上のごとく本書の立場としては、「おもてなし」は主語の問題であり、「ホスピタリティ」は動詞ないしは述語の問題であると捉えている。おもてなしとは、織田信長のおもてなし、アフリカの先住民族の村長のおもてなし、あるいは京都祇園のお茶屋さんで誰それの女将さんのおもてなしであったりと、主語が確定することにより、その対象（ゲスト）に対して、どのような気配りや配慮をするかという、その人なりのおもてなし流儀が発生する。それは、お国柄であったり、その人の長い人生経験から生まれるものであったり、生まれつきの人徳から生まれるものであったりする。それゆえに、日本人のおもてなしという言い方をすると、日本人固有の特徴が活かされることを表現していることになる。

　それに対して、ホスピタリティについては、前述したように、AやBなどの主語の誰かを確定するのではなく、動詞先行型の行為そのものを指している。第1章のディズニーランドの事例を思い出していただきたい。それは、通常のサービスの枠のなかではおさまり切れない特殊な事情で困っているケースで

---

[6] おもてなしとは、相手の立場や状況を機敏に察して、気配りや充分な配慮をすることであるという記述を目にすることがあるが、それはホストが特定のゲストに対する所作であり、それは、たいていの場合、茶道や礼法のような特殊な訓練をすることで身に着くものだろう。ホスピタリティは、ホストが、迎え入れる相手がどこの誰かもわからず、もしかすると、ホストを殺してしまう悪人かもしれないが、死を覚悟で受け入れ、歓待するというのが原義であって、「気配りや充分な配慮をする」という言葉の意味合いが根本的に異なるのである。それゆえ、hospitalityを容易に訳すことは難しい。ホスピタリティとは、礼法のような訓練ではなく、本来、人がもっている純粋な心のもち方の問題である。したがって、おもてなしの訓練をすればするほど、ホスピタリティを見失ってしまう場合も多いのである。第1章で示したオムライス・ホスピタリティの事例はそのことを指摘している。

あった。つまり、老夫婦に対して孫の思い出のためにメニューにないオムライスを提供するという行為であったり、大人であっても娘さんの供養のためにお子様ランチを提供するという行為の問題であった。その際、誰があるいは、どの店員がそのような気配りのある行為をしたかということは、問題ではない。長い人生経験が問われるわけでもなく、宗教家のような人徳が問われるものではない。とあるホテルやレストラン、飛行機、電車、バス、タクシーなどで、忘れ物を笑顔で届けてもらったり、車椅子を押してもらったり、何か困っている状況を笑顔で助けてもらったような体験はないだろうか。消費者や顧客は、その人が誰であるかということよりも、そこで出会った1人か2人のスタッフのおかげで、まるごとそうした企業の体質に感謝や驚きで一杯になることだろう。それは、ホスピタリティがなせるわざである。ディズニーランドを例にあげるならば、ホスピタリティを実践してくれる主語はディズニーランドのスタッフというだけで充分である。それによって、ディズニーランドでは何か素晴らしいことが起こるという期待を顧客や潜在的な顧客に投げかけてくれるのである。また、それとは反対にたった1人か2人の心無いスタッフの対応のために、ディズニーランド自体に幻滅してしまう場合もあるだろう。

　以上のことをすべての業種の企業に置き換えてみても同様であり、当該企業が、どのような倫理的行為をする準備が整っているのか、どのようなホスピタリティを生み出す潜在的能力もっているのか、また、それを開花させるホスピタリティ資材・人財を保有しているのかという会計・経営情報は消費者・顧客からすれば極めて重要な情報となる。そして、新たな時代を拓くために、現代のイノベーションとホスピタリティとは切っても切れない関係にある以上、経営者から消費者・顧客へ、消費者・顧客から経営者へと、現代のホスピタリティのあり方は常に双方向の形で問われているのではないだろうか。また、従業員と従業員との関係、従業員と顧客との関係が良好ではない場合、うわべの「おもてなし」はできても、到底、ホスピタリティを生み出す土壌などないだろうし、期待することもできない。そうした企業にいつ不祥事が起きたとしても不思議なことではない。上述したように、当該企業の体質として、ホスピタリティを

生み出す土壌があるかないかという従業員満足度（ES）の企業情報は、それが企業利益に関わるものであるがゆえに、投資家やステイクホルダーにとっても重要な意味がある。現時点では、こうした情報開示は立ち遅れているが、今後、ますます重要度を増してくることだろう。

　以上のごとく、「おもてなし」と「ホスピタリティ」を考察してみると、2つとも極めて近似した概念に見えるが、文法的にはまったく異なる概念であると、一応の整理をすることができるように思われる。[7]

3．ホスピタリティの述語性について

　山本哲士の著作のなかでは、様々なホスピタリティの場面が紹介されている。その1つに電車のなかでの車掌の言葉に言及している箇所が、本章で述べている問題に関わっていると思われる。

　「『切符をお持ちですか』という検札にはムカッとするが、『切符を拝見させてください』というと従順になる。前者は『主語』を問うているからだが、後者は述語性を頼んでいるのだ。

　前者は社会の規範・規則（つまり『切符を持つべきだ』）を問うているが、後者はただ拝見させてくれと頼んでいる。この違いがホスピタリティである。」[8]

---

[7] 本書において、あえて「おもてなし」という語を批判的に吟味しているのは、見せかけの「おもてなし」というものも多いからである。日本語自体、尊敬語、丁寧語、謙譲語などを的確に用い、相手方の立場や心を察するまわりくどい表現方法が数知れずある。言葉や立ち居振る舞いが礼法にかなえば、いくらでも感じ良くすることはできるということにもなる。もちろん、それ自体素晴らしいことには違いはないけれども、場合によっては本心でなくても、みせかけでもできることである。いわゆる、似非おもてなしである。それに対して、ホスピタリティは、本心がなくては成立しないものと考えている。したがって、第3章の消費者の会計が成立するためには、ホスピタリティが必要不可欠と考えるのである。

[8] 山本哲士『ホスピタリティ原論』文化科学高等研究院出版局、2006年、408-409ページ。

3. ホスピタリティの述語性について

　極めて簡潔な説明である。上述の検札のセリフにおいて、前者も後者も丁寧語で聞いているが、前者は、「あなたは切符を持っているのか否か？」というルールの確認を主語に対して行っており、一方、後者は、車掌が「切符を確認する」という業務を乗客に行っているにすぎず、車掌の業務としての述語性に重心がくる。車掌の業務ということであれば、「あなた」という主語は仮のものであり、あなたでもあなたでなくても乗客を対象にした「確認作業」に対する協力を依頼するというセリフになっているので、さしあたって『主語』を問うてはいないのである。

　つまり、主語を基軸にすれば、いかに「切符をお持ちですか」と丁寧にいってみたところで、「あなたは免許証をもっていますか？」という警察の検問と同じコンテクストととなり、不愉快な気分になることだろう。電車に乗るたびに検問を受けているということになると、楽しいはずの旅行に水を差すことになりかねない。言葉の重心を述語へと移すと、その述語にはそれぞれの状況に応じた主語が付随してくるということになる。もちろん、「切符を拝見させてください」というセリフを命令調にして「切符を見せろ」と言い換えれば、特定の主語に対する命令となり、同じセリフでも、主語を特定することになって、切符を見せなければ、それに対してなんらかのサンクションを与えるという社会の規範・規則の問題となり、ホスピタリティからは逸脱する。したがって、より詳細に見れば、述語性に付随するなんらかの成分にホスピタリティの要素があるということがわかる。

　以上の例とは別に、乗務員が乗客に対して飴を一律に配ったとする。このケースは、Aという乗務員が、Bという複数の乗客をもてなしているのである。いわゆる「おもてなし」である。おそらく、そうしたもてなしをすることにより、乗客に喜んでもらいたいと思っているはずである。しかし、ここでもホスピタリティの観点からは「配る」という述語性が問題となる。乗客のなかには、すでにガムを噛んでいたり、病気療養中で飴をなめれば血糖値が上がり毒になる人もいるかもしれない。それゆえに、一律に配りさえすれば良いというもの

第4章 ホスピタリティの述語性について

ではない。「飴は、いかがでしょうか」と、配るという述語性のなかに選択肢を入れることでホスピタリティの成分が顔を出すように思われる。つまり、「飴が配られる」という述語が先行することで、誰がそれを配ろうが、誰がそれを受け取ろうが、それはもはや問題ではなく、飴が配られるという場所（トポス）がセッティングされることで、ホスピタリティの土壌をつくっているということになるのである。もちろん、現場において、乗務員以外の者が飴を配っていたとしたら、それは毒の飴かもしれないし、不審な場合には誰も受け取りはしないだろう。しかし、列車が突然の事故でストップし長時間閉じ込められたというような特殊な状況においては、飴が配られること自体が癒しになるのではないだろうか。

　私事であるが、ある飛行機に乗り合わせたところ、飴が配られた。しばらくすると、飴を包んでいた銀紙を乗務員が回収に来た。それは一種のおもてなしであるが、ホスピタリティではない。少なくとも、著者には面倒なことにすぎなかったからである。明智光秀の「鮒ずし」の失態とまででいえばいい過ぎだろうか。いいすぎには違いないが、ホスピタリティとはそうしたやっかいな側面を含んでいることは確かである。飴さえ配れば喜ぶだろうという「思い込み」ほど、ホスピタリティを阻害する思想はないからである。

4. 主語と述語

　ホスピタリティとは、まずもって、キリスト教義に基づいた慈愛の精神として捉えることも間違いではないだろう。客人が悪人か善人かを問わず、主人は客人を歓待する。その主人とは、さながらキリストに近い。もしかすると、主人の側が、命を落とすかもしれない客人を受け入れて歓待するということは、少なからず宗教性を伴っている。つまり、主人はあくまでも客人を受け入れているのであって、もてなしているのではない。受け入れる場所を提供している

---

[9] 一般的には、良いサービスと思われていることだろう。しかし、ここでは、あえて偏屈を演じてみたらという仮定の話である。

にすぎない。あえて、主人＝主語を特定しようとすれば、それはキリストの成り代わりかもしれないし、「神」と呼ばれるものだろう。この世には存在せず、ホスピタリティの教義に従って、いわゆる歓待の場所（トポス）において、表出する行為そのものといえよう。それゆえに、ホスピタリティとは、「私」や「あなた」という限定、あるいは織田信長やナポレオン・ボナパルトといった具体的な固有名詞を明示するものではなく、必ずしも驚きや感動があることを確約することもできないし、また、そのようなことを事前に想定することもできない。ディズニーランドやリッツカールトンホテルへ出向いたとしても、ホスピタリティの教科書に書かれている逸話のような体験ができるとも限らない。むしろディズニーランドやリッツカールトンホテルでもなく、無名の遊園地や無名のホテルや旅館などの予期しない場所で、ホスピタリティを体験することの方が多いかもしれない。

　茶道の「一期一会」という思想は、おもてなしの基本とされていることはよく知られている。この場合、もてなす者ともてなしを受ける者が対峙することを主たる目的とするのではなく、主客を問わず、それを行う者の行為を純粋に取り上げ、茶室という、単にお茶を愉しむ場所での心構えを意味するとするならば、それは一種の日本流のホスピタリティと捉えることもできるかもしれない。「一期一会」という思想が、利得を求めない、見返りを求めない慈愛という意味であるならば、本書で指摘しているホスピタリティと一致する。本書の立場からすれば、「おもてなし」はダイレクトな利得とつながる部分が多いという解釈が成り立ち、航空会社、ホテル業、旅館業、飲食業などの業界にストレートに結びつきやすく、率直なところ、良いおもてなしをするので、それに見合う充分な対価（金銭）をいただきたいという商売観がありありと見えてしまうのである。

　それに対して、ホスピタリティは、金銭的な利得とは無縁である。もちろん、立場の違いにおいては、おもてなしを利得と結びつけない解釈も成り立つが、その場合、おもてなしとホスピタリティの概念上の違いを明確にするのは困難になると思われる。言い換えると、実際には、金銭を支払っていても、金銭的

第4章 ホスピタリティの述語性について

な利得を目的にしているわけではないので、消費者・顧客は、癒しや安寧を得ることができ、おカネも支払っていないのにこんなにも自分のことを気遣ってくれるのかと、感動することもあるというわけである。ホスピタリティにはおもてなしにはない新たなビジネスの大きなヒントが隠されていることがある。ホスピタリティを場所＝述語性として捉えると、企業のみならず様々な組織体において、重要な意味合いをもつことになる。利得を目的にするかしないかという問題とは別に、人が集まれば、そこにはなんらかの場所ないし空気ができるものである。つまり、その場所において発せられる言葉や口調や態度で、ホストの様々な所作において、感じが良くなったり、感じが悪くなったりするのである。居心地の良い場所をつくり出すというのは、その組織体をつくり出すもともとの構成員の心構えや基本的なマナー、さらには思想に至るまで、上手くハーモーニーゼーションさせる何か＝述語性（あるいは行為の仕方）に依存していることは間違いないことである。それにもかかわらず、今日まで場所の問題としてではなく、人つまり主語の問題として、ホスピタリティを捉えてきたのではないだろうか。個別の人ないし、主語（この場合、従業員）をいくらマナー講座によって鍛えようとも、当該企業の場所の空気が十分に理解され、行動指針が明確化されていなければ、まとまりのない、感じの悪い組織体になるのは自然なことである。それゆえに、ホスピタリティを捉えるのは難しい。ホスピタリティが主客を問題にしているのではないとすると、どのような行為をすれば良いか、即座には理解しがたいからである。

　観点を変えて見れば、主語に重きを置くおもてなしは、人為的にあるいは人工的に居心地の良い場所をつくり出すことができると考える楽観性があるのに対して、ホスピタリティはそのようなことを人為的につくり出すということは不可能であると考えざるを得ない悲観性があるのは致し方ない。例えば、旅館やホテルのスタッフが、大人数の顧客（ゲスト）を万遍なく迎え入れ、お茶出しをしたり、歓談をしたりすることはおもてなしにあたる。しかし、旅館やホテルのスタッフ（ホスト）は、すべての顧客（ゲスト）に対して居心地の良い場所（大多数のゲストをほぼ満足させることができれば良いと考えるので、そ

れを大多数にとって最適な場所と呼ぶことができるだろう）を提供しようとするが、実際には、すべての顧客（ゲスト）を満足させるということは不可能である。フロントの受付で行列ができたとしよう。その時、最後尾の顧客（ゲスト）にまでイライラさせないで対応ができるスタッフがどれだけいるだろうか。おもてなしの観点からは、それが困難であるにせよ、華道や茶道のような修行や訓練などにより理想に近づけたいと考える。それに対して、ホスピタリティは、万全な対応というのは不可能であるという視点に立つ。上述のホテルのフロントでの長蛇の行列において、顧客（ゲスト）のなかには腹痛を訴える者も出てきたり、イライラが高じてスタッフを殴る者も出てくるかもしれない。ホスピタリティは、そうした少数者をいかに救うかという稀なケースでの対応を想定している。別言すれば、むしろ、そこにこそ大きなビジネスチャンスがあると考える。そうした意味で、困惑した少数者を切り捨てず、気持ちの安寧や驚き、あるいは感動を与えられるような場所へと導く思想であると捉え、居心地の良い場所（想定外のことで困惑した少数者でさえ楽しい場所に変えてしまう意味では、本来の趣旨とは異なる魔法の場所とも呼ぶことができるだろう）[10]

---

[10] おもてなしは、山本哲士の言葉を用いれば社会イズム、つまり、マニュアルにそった対応をすることにより、多くのお客様を歓迎することができる。通常、お客様対応としては充分であるが、本書の第 1 章のオムライス・ホスピタリティで示したように、特別の事情に応じた対応をとらなければ、心が満たされないケースがある。それは極めて稀な想定外のケースである。その意味では、そうしたケースは本来おもてなしの視点では考えないケースである。ホスピタリティは、むしろ、そうした想定外のケースに対して、積極的に対応するための所業ということになる。そして、それをビジネスチャンスとしてマネジメントに組み入れることで、企業イメージを向上させることができる。ディズニーランドやリッツカールトンの成功例、スカンジナビア航空を再建したヤン・カールソンの成功例（ヤン・カールソン著（堤猶二訳）『真実の瞬間』ダイヤモンド社、1990 年）などのホスピタリティ・マネジメントの成功例は、もともと、想定外であった顧客を驚きや感動に導いたところにあった。それに対して、おもてなしは、そもそも想定外の顧客に対する対処が充分ではない。

したがって、ホスピタリティでは、隠れた消費者や顧客の要望を最大限に叶えるという意味で、図表 4-1 のごとく、マネジメントにおいて新たな利益を生み出す可能性を秘めているが、おもてなしは B ゾーンのみで語られるので、そもそも C に重点を置いていない。クレーム処理という程度にすぎないだろう。（つまり、企業経営を成功へと導くためには、経営者や従業員も知らない、現場の消費者や顧客の要望

を構築する新たな営為であり神の業に等しい。もちろん、人は神ではなく不完全な生き物であるので、神の業を常に実践することなどできない。しかし、サービスを受けたくてもサービスを受けることができない者や弱者などに目を向けることで、企業人として何をすれば良いか、具体的な行動が直観的に発見される場合もあるだろう。ホテル・旅館を例に出すと様々な動詞（あるいは行為）があることに気づく。チェックインする、休憩をする、食事をする、入浴をする、寝る、チェックアウトする等々がある。当然のことながら、ホテル・旅館を業としているならば、ゲストがいかに快適にチェックインするか、快適に休憩するか、快適に食事をするか、快適に入浴をするか、快適に寝るか、快適にチェックアウトするか、を考えているはずである。はずであるというのは、実際には、そうではないケースが多々あるということであるが、オムライス・ホスピタリティのように、枠からはみ出した想定外のゲストを救うというホスピタリティという観点からでなければ気付かないものが多い。[11]

　以上のごとく、企業活動における従業員の述語的行為を中心に考えることにより、主語＝主人（ホスト）対客人（ゲスト）の関係性をより良くしようという人間関係の問題にのみに重心をかけることとは、異なった視点が生まれるは

　　　を見つけ出し、改善するという企業環境が必要不可欠である。これはクレーム処理とは根本的に異なる。実際には、業務改善という名目でクレーム処理とホスピタリティが混同されていることが多い。クレーム処理はそれなりに役に立つが、そればかりに固着すると、従業員を疲弊させてホスピタリティを生み出す場は永久につくり出せない）。

[11]　例えば、日本は超高齢化社会へと突入しているにもかかわらず、超高齢者が、安全に宿泊できる温泉宿や宿泊施設などは極めて少ない。これは、温泉宿が、採算の取れない超高齢者をマイナーなお客として、顧客から度外視しているからであろう。おもてなしの観点からすると、超高齢者はおカネをもっていてもおもてなしの対象とすることが困難であるということになるが、ホスピタリティの観点からすると、そこにはビジネスチャンスがあるという思考になることだろう。

　また、日本は治安が良いのはよく知られており、誰かが落とした財布でも盗まれず、きちんと交番に届けられていたりすることが多いのに対して、海外では落とした財布はほとんど戻らないということはよく事例として出される。これもまた、落ちた財布を交番に届けるという行為は、誰が落としたのか、誰が拾ったのかという点は問題外であることから、おもてなしをしているのではなく行為の問題、つまりホスピタリティの問題ということになるだろう。

図表 4-1 ホスピタリティにおける顧客心理の階層図

ずである。誤解を恐れずにいえば、おもてなしは、主客限定の条件で図表 4-1 の B ゾーンの快適性を追求しており、利得や採算型の思考方式のように思える。それに対して、利得や採算とは別に、C ゾーン（不快）の想定外の不快な部分を克服することにより、C から A（驚き、感動）へと不快を快感へ昇華させるホスピタリティの思考方式があるということは、第 1 章のディズニーランドの事例に示した通りである。ルーティンワーク的な陥穽（落とし穴）から顧客（ゲスト）の立場に立ち、臨機応変に振る舞うことで、C から A へと持ち上がる満足度の高いマネジメントへつなげる可能性をホスピタリティはもっている。昨今、C ゾーンをビジネスチャンスへと変える見方には、様々な業種の企業において、光が当たってきているように思われる。つまり、ただ単に B（快適）のレヴェルを追求している限りにおいては、C ゾーンを切り捨てているので、A（驚き、感動）のレヴェルにまで持ち上げるのは困難であるということである。あらかじめ期待したことをその通りされたとしても、満足はいくかもしれないが、驚きや感動というところにまではいかないだろう。例えば、おいしい水がいつでも飲める環境で生活していれば、水を飲んだことくらいでは驚きもしないし感動もないが、砂漠のなかで道に迷ったり、被災をして、水がない状況に耐えている時に、たとえそれがおいしい水でなくとも水があるというだけで、そこには驚きと感動があることだろう。また、企業活動の事例では、

第4章 ホスピタリティの述語性について

　以前、多くのコンビニが使い勝手の悪いトイレを放置したまま、「ご使用の際は、ひと声おかけ下さい」と表示し、物品を売ることだけに集中していた。しかし最近は、それとは逆に、清潔で快適なトイレ空間をつくり、「ご自由にお使いください」と表示し出したことなどは、ホスピタリティ精神が具体的に表れてきたとも受け取れる。つまり、ひと声かけなければ使えないトイレでは、顧客としては不自由であり、トイレに入るたびにひと声かけるというのは、恥ずかしくて不便でしかない。その恥ずかしさや不自由さは、言い換えれば、顧客の入店を拒否しているに等しいからである。

　また、旅館業やホテル業においても、同様のことが起こる。しばしば起こる不快なチェックイン、不快な休憩、不快な食事、不快な入浴、不快な睡眠、不快なチェックアウト等々の事例は、主語＝主人（ホスト）対客人（ゲスト）の関係ではなく、組織のあり方やマニュアルといった縛りが、居心地の良くない空気をつくり出していることが多々ある。経営者側の対応が、客人（ゲスト）を迎え入れるという姿勢が感じられず、上述のように、無意識のうちに客人（ゲスト）を拒否していることもあるからである。

　企業側の情報開示としては、いかにゲストをもてなす準備が整っているかという、おもてなし情報がほとんどである場合も多い。もちろん、そうした開示が、その企業をより魅力的に引き立ててくれる効果を発揮することもあるが、より柔軟なホスピタリティ精神が従業員にいかに行き届いているか、その２つを具体的に開示することが必要である。おもてなしが良くないのではなく、ホスピタリティがおもてなしと同じものとして語られてしまうことが、マネジメントとしては損失なのである。つまり、おもてなしによって、客人（ゲスト）は感動や喜びを味わうこともあるが、場合によってはありがた迷惑であったり、大きなお世話であったりすることもあるからである。一般的に、おもてなしには、客人（ゲスト）の志向を上手く汲み上げる手立てが乏しい。なぜなら、通常はＣゾーンは見ずに少しでもＢゾーンの幅を広げることに努めるからである。別言すれば、Ｂゾーンの幅を広げるための情報しか必要ではないのである。旅館やホテル、あるいはレストランなどでよく見かけるアンケートの類は、Ｃ

ゾーンに対応するために行われているが、アンケートに時間を割くよりも、心遣いや配慮があれば、たいていの場合、コミュニケーションのなかで問題は解決されるはずである。したがって、高い快適性を確かめるためには、Bゾーンから外れてしまったゲストに対してさえ、柔軟な対応と、受け入れ態勢が整っているかどうか、あるいはそうした心遣いのできる人財養成を事前にしているか否かが重要である。その結果、翻って、主語＝主人（ホスト）対客人（ゲスト）の関係性が改善されていくように思われる。

また、このように、マネジメントという観点からホスピタリティを見た場合、企業はしかるべき投資が必要になると思われる。心身の問題としては、特に大企業で様々なタイプの従業員を抱えている場合、ホスピタリティ精神を社内全体に浸透させるのは至難の業である。企業は、ホスピタリティ経営を実行するためには、従業員の心身の健康状態の管理（ストレス・チェック、充分なメディカル・チェック）はもちろんのこと、ホスピタリティに対する明確なモチベーションを付与しなくてはならない。他方、財の問題としては、ホスピタリティ関連の建物や備品など、種々のホスピタリティ資材を整える設備投資においても多額の資金が必要になる。そうした大きな事業変革への移行は、小手先の変革ではなく、新たな企業活動の成立として捉えるべきだろう。第3章でも示したように、消費者のための会計を本格的に考えるとすれば、財務会計は、従前の会計とは異なった会計事象（ホスピタリティに関する会計事象）を新たに説明しなくてはならないはずである。[12]

---

[12] このことは、環境会計の成り立ちとよく似た経緯を辿っていることを示している。企業は、公害で地域住民を苦しめた。企業は地域住民との信頼回復に向けて、環境改善対策をとるようになった。現在もなお低炭素社会の実現を目指してCO_2削減の努力を続けている。当初、債権者・株主に対する会計とは別に、地域住民のための会計、あるいは地域住民との関係改善や共存関係の構築を図る会計を模索した。こうした会計は環境を改善するための「環境会計」という一領域を生み出し、定着している。

今日、消費者を軽視し、製品・商品・サービスに対して、様々な不正を行う企業が増えてきている。数ある企業のなかでも、不正を行った企業は、消費者から信頼を得られなくなってきている。ここでもまた、債権者・株主に対する会計とは別に、消費者のための会計、あるいは消費者との信頼関係の改善や共存関係の構築を図る

そもそも、おもてなしとホスピタリティとの違いを意識化するためには、BとCの境界ラインを意識しなければ、ホスピタリティ自体が生まれないということに着目しておく必要があるように思われる。Cを解決する知恵ないし直観を具体的な形に変えるマネジメントを遂行するか、否かが鍵となっている。[13]

会計を模索したいと思う。こうした会計は、環境会計にならっていえば、「ホスピタリティ会計」というネーミングの方が適切だろう。企業は、ホスピタリティ環境の構築と、ホスピタリティ意識の向上のために明確な施策をもたなくてはならない。そこで、ホスピタリティとは何かという問題が生じる。言葉の原義としての慈愛、友愛、仁などが、仕事の現場で生み出されるような行為が増加するよう、工夫していくことが重要であるといえるだろう。服部のように「共創」「相互性」という言葉で定義をすると、ホスピタリティの本質が見えにくくなる。顧客からすれば、サービスのごとく対価を支払ってしてもらうことでもなく、おもてなしのように誰からかのもてなしを事前に期待するものでもない。ホスピタリティは偶然生じるものである。企業としては、その偶然に備えてホスピタリティが起こり得る環境を整えていくべきだろう。クレドなどを繰り返し読んだり、ホスピタリティの逸話を読むことなどで啓発をしていきながら、そういったホスピタリティ環境のなかで驚きや感動は生じるものである。具体的な施策はこれからである。

[13] 日本人において、Cの状況を想定することが困難なのは、顧客ないし従業員をほとんど十把一絡げにする昔からの風習に原因があると思われる。つまり、日本人固有の集団主義である。個と個を十把一絡げにして、十把一絡げから外れたものは奇異なものとして見る性質は、今なお変わらない。述語の世界では、どこの誰かは予想もできない個と個の出会いがあり、それをプラスの関係にしていくには、相互にすべてが異なっていたとしても、それをまずは認める個人主義に基づく人間関係の理解がなくてはならない。18世紀のフランスにおいて、＜社交性＞というポジティブな慣習が根付いた背景には、18世紀のフランスの博物学者ジョルジュ・ルイ・ビュフォンの生物学の研究や「文は人なり」という個性の発見と確認が基底にあるように思われる。相互に異なる個性の交流、そこには異なる者に対する敬意があるだろう。残念ながら、日本の現況ではフランス流の＜社交性＞を理解するのは困難なことであると思われる。異なる者は排斥せよ、というネガティブな心情はいまだ日本人の特徴でもある。ホスピタリティは、必ずしも社交性という慣習のもとに成り立つものではないにしても、個と個をリスペクトする関係の基軸を尊重しなければならない。

以上のことは、ホスピタリティの源流が18世紀後半のフランスのホテルにあり、巡礼などの旅人の癒しの場であったこととも関係している。日本のホテルのそもそもの始まりは、鹿鳴館時代に外国からの要人を受け入れる館（＝帝国ホテル）にすぎなかった。十把一絡げの日本流のおもてなしはそれなりに成功したが、それはあくまでも日本流にすぎない。今日、リッツカールトンをはじめとした個と個の対応や、ディズニーランドの逸話に見られる個と個の対応などが新鮮な"驚き、感動"の対応として見なされているのは、ありきたりの集団主義に辟易してきた証左とも受け取れる。また、十把一絡げのギスギスした企業体質は、先述した数々の企業不祥

ここには、著者の造語であるおもてなしマネジメントにはない発想の転換がある。したがって、企業経営者がホスピタリティに対して充分な認識をしているか、否かという点は、投資家やステイクホルダーにとっても関心事であり、今後の重要な情報ソースとして位置づけられるものと思われる。

5. おわりに

　ホスピタリティは、おもてなしと極めて似ているが、同じではない。むしろ異なる側面を捉え、おもてなしマネジメントとホスピタリティ・マネジメントを峻別して、2つのマネジメントを上手く遂行していく施策を考えることが重要であるように思われる。本章では、そうした試みを具現化する一助として、文法論理に着目してホスピタリティの独自性を考察した。ホスピタリティの述語の問題は、山本哲士他すでに多く語られているが、昨今のホスピタリティ＝おもてなしという一般的な風潮あるいは情報の発信によって、従前より存在する双方の深い思想が混沌としてしまう現状を危惧し、著者なりの整理を試みた次第である。なお、こうした問題を、より精度を高め解決していかなくてはならないが、そこでは幾度となく、ホスピタリティのアポリア（行き詰まり）に出くわしてしまうことだろう。著者も、もともとはホスピタリティを考える起点として、当初、コギト〔「私は思考する」の意〕から転換して、「われおもうゆえにわれありではなく、おもうゆえに、われがあるのだ」という動詞先行のニーチェの超人思想や、中村が着目した主役なきチェーホフの演劇ないし場所の論理に触発された。日本固有のおもてなしマネジメントを否定するつもりは毛頭ない。おもてなしはおもてなしの良さがあり、それはそこはかとなく優れた心の持ち主（企業人も含む）の営為には違いない。当面のところ、ホスピタ

事や粉飾決算などを起こしやすく、会計や経営上の問題点を浮き彫りにしてきている。そうした意味で、今日の日本人には、改めてポジティブな意味での個性の所在が試されていると思われる。マネジメントの観点からすれば、見えざる"利益"がいまだ隠されているはずなのである。

第4章 ホスピタリティの述語性について

リティの概念やおもてなしの概念を理解するうえで重要なことは、ホスピタリティがおもてなしと同じ意味として解釈され、また、それが、そのように＜一般化＞されていることは、経済的損失が大きいと考えるのである。おもてなし＝おもてなし、ホスピタリティ＝ホスピタリティであり、ホスピタリティ≠おもてなしである。そのことをより鮮明にするには、ひたすらそれぞれの論理を煎じ詰めることもさることながら、本書の第1章で示したディズニーランドの事例（オムライス・ホスピタリティなど）のような、実際に起きた事例やお客様に喜んでいただけた逸話を記録し続けて蓄積することにより、マネジメントにおけるホスピタリティを有意な新概念へと高めていけるのではないかと考えている。

参考文献
中村雄二郎『場所』弘文堂、1989年。
J・デリダ（廣瀬浩司訳）『歓待』産業図書、1999年。

第5章
会計の対象とホスピタリティについて

1. はじめに

　一般に、会計の対象は企業の経済活動であるとされている。ここでいう〈企業の経済活動〉とは、貨幣ないし数量化によって把握できる事象のことを指しており、即座に貨幣化や数量化できないものは会計の枠外に置くことで、会計は、会計としての一応の体系化がなされているのである。井尻がかつて、支配、交換、数量という3つの公理で歴史的原価主義を説明したことは、会計の科学化や体系化に寄与した1つの時代があったことをよく示している。あるいは、言葉を代えていえば、3つの公理に外れるものは企業の経済活動として認識しないというフレームワークを形づけることで、会計の対象自体を限定してきたともいえよう。

　しかしながら、今日の会計は、上述の意味で、身の回りに起きている企業の経済活動でさえ、基本的に半世紀前と同様の対象として捉え、それを認識し伝達してきたものの、会計の情報提供機能の拡大化により、より豊富な会計情報を利害関係者に伝達することが求められてきている。また、企業の経済活動という言葉自体も、時代の流れや経済構造の変化などの様々な要因によって受

---

[1]　山桝・嶋村は、「会計学は、企業会計を研究対象とする学問であり、企業会計は、企業の経済活動つまり企業の資本運動を貨幣計数でもって有機的・統一的に把握するための計算報告機構である。」（山桝忠恕・嶋村剛雄『体系財務諸表論（理論編）』税務経理協会、1973年、3ページ）と記している。

[2]　井尻雄士『会計測定の基礎』東洋経済新報社、1968年、93ページ。

け止め方も大きく変わろうとしてきているのである。³ 一昔前であれば、1つの事例にすぎなかった補足的事象や環境問題などは、企業会計に大きく影響を及ぼしており、看過できない問題となっている。昨今のとてつもない気候変動や災害、あるいは省エネルギーという課題は、企業の利益を大きく左右する主たるテーマとなってきている。また、携帯電話やパソコンなどのIT化は、人々の暮らしを大きく変えつつある。経済は生き物といわれるが、まさに経済が変わることで会計も変わろうとしている。ここには、井尻の時代に見た、会計の科学化や体系化が揺らいでいる1つの要因がある。もちろん、それは表層的な見方であって、かかる意味合いにおいても変わらないものは厳然としてあり、一過性の迷いと見ることもできよう。例えば、商品を販売して利潤を得るという行為については今も昔も変わりはない。

　俳諧に不易流行という言葉がある。会計にも、不易流行の「不易」の部分もあれば、「流行」という部分もある。「不易」だけを語ることは、今日の企業活動を充分に拾い上げることができず、また、「流行」ばかりを追いかけても「不易」を見失うリスクもある。しかし、それでもなお、「流行」の部分にも重要な企業活動が隠されている場合も少なくない。会計の「流行」には様々なものがあるが、本稿では「流行」の一部の事象として、今まで会計にはまったく無縁のものであったホスピタリティを取り上げ、会計の対象となり得るのか否かを考察したいと思う。

---

[3] 山桝・嶌村（1973）は、「企業会計は、それ自体としては貨幣計数による計算報告機構であるにせよ、計算対象および報告利用者の関心の内容そのものが、客観的条件の発展・変化よって歴史的に推移する性格をもつ。それゆえに、会計学の課題というのは、企業の経済活動つまり企業の資本運動の歴史的特殊性や報告利用者の関心の推移が、計算報告機構としての会計にどのように反映しているかをも、あわせて究明することにあるものと考えねばならない。」（山桝忠恕・嶌村剛雄、前掲書、3-4ページ）と記している。本書では、ホスピタリティ・マネジメントにおけるホスピタリティという企業の経済活動が、まず第1に、計算報告機構としての会計にどのように反映しているか否か、第2に、会計情報としての価値を有しているか否かという問題の前提について吟味したいと考えている。

2. 会計の対象

　簿記や会計は、生産と消費という一連の企業の経済活動を描写するために、原初的に製品を製造し、販売し、利潤を生み出す点に着目してきた。畠中福一を引き合いに出すまでもなく、マルクスの資本循環範式（G－W－G'）をいかに会計の認識・測定に取り込むか枚挙に暇のない研究の蓄積がある。日本の経済は、モノづくり、すなわち製造業を基軸にして発展してきたという歴史的文脈からすれば、会計の世界においてもG－W－G'という範式が基軸になっていて、それ以外の経済活動があったとしてもそれは派生的な経済事象として括弧に入れておかれても奇異なことではなかったように思われる。いわゆる、大量生産や大量販売といったフォーディズムの時代にあって、資金の投下は、主に設備資産や製品の製造に向かっていて、上述の資本循環を後追いするような経済事象が中心であったからである。

　しかし、今日は、ありとあらゆる産業において、製品さえつくれば売れるという時代ではなくなってきた。例えば、携帯電話やパソコンなどは、急激に進化して、われわれの暮らしのあり方を変えてきている。情報通信機器としてのラジオやテレビとは異なった発展の仕方をしている。情報通信機器というカテゴリーをはみ出して、暮らしの利便性や快適性、あるいは娯楽性などの様々なサービスないし付加価値を生み出し、今なお未知の可能性を秘めている。同じようにサービスやホスピタリティに見られる心の要素も、企業の売上を左右するのではないかと模索され始めてきている。

　再度ここで、会計でいうところの「サービス」を確認しておくと、簡潔には、顧客の求めに応じて、ある行為をすることへの対価である。例えば、宅配便であれば、Aという地点からBという地点に荷物を移送することで、その行為に対価を支払う等価交換となる。電車、バス、船、飛行機も同様である。ホテ

ルや旅館であれば、部屋を19時間提供することにより対価の支払いがある。[4]
ここでは、「部屋を提供すること」がサービスである。ホテルの従業員が部屋までゲストの荷物を運ぶとか、女将が食事中に挨拶に来るとか、そうした諸々の派生的事象は、サービスという言葉を用いたとしても、会計では認識の対象とはならない。あくまでも部屋を提供されて、いくら支払ったかという代金の交換に着地点がある。宿泊したホテル・旅館の接客が良かったどうかという点は、マーケティングでの認識対象ないし損益に強く関わっているかもしれないが、会計においては可視的に現金の授受があるわけでもないので、そうした事象は会計対象とは見なさない。一般的には、後者の事象を含めてサービスやホスピタリティが認識され語られているが、例えば、接客の上手い下手は等価交換ではないので、井尻の「交換」の公理にもそぐわない。しかし、接客の上手い下手ないし、売り手の売るためのホスピタリティ向上の環境づくりは、「モノ」自体以上に企業活動の重要な要素となってきた。上述したように、モノをつくれば売れるという「モノ」中心の対象の捉え方は、消費の価値観が変化し、選択的消費を考える際、今日の時代にはいささかそぐわなくなってきているように思われる。もちろん、心の問題を貨幣数値に置き換えることは直接的には不可能なことである。ただ、そのことをもってして即座に会計認識の対象外として捨象することは早計である。むしろ、今日の会計のあり方を時代に照らし合わせて、再考するきっかけになっているように思われる。[5]

　昭和初期の製造業中心の時代から、今日の経済や経営状況を勘案すると、サービスを組み入れた産業中心へと変化してきており、企業の経済活動の中身も大きく変化している。そのことについては、コトラーが「マーケティングはそもそも、歯磨き粉や車、鉄鋼、機械といった有形財の販売活動に伴って誕生した。だが今日、世界的に目立った傾向の1つとして、サービス、すなわち有

---

　[4]　15時チェックイン、10時チェックアウトの場合、19時間部屋を利用している。
　[5]　顧客心理のデータ開示という意味ではなく、企業は顧客との心理的交流の場を提供しているので、企業がいかにそうした環境を整えているかという経済事象は、会計の問題ともなり得るのではないかと考えている。

3.〈経済〉という概念の変容

形財としての特性がほとんど、または全くない製品の成長が著しいということがある。先進国の多くでは、GDP（国内総生産）の大部分をサービス産業が占めている。GDP の 60% 以上をサービス産業に頼る国の例としては、オーストラリア（71%）、カナダ（66%）、フランス（71%）、日本（63%）、ノルウェー（72%）、イギリス（73%）、アメリカ（80%）があげられる。（中略）サービス産業には他にも、銀行、医療、エンターテイメント、法律サービス、運輸といったものがある。このようにサービス産業が成長した結果、その運営やマーケティングに関する調査研究が求められるようになった。[6]」と述べているように、事業の活動内容は大きく変化している。

あくまでも、会計の対象は企業活動ないし企業の経済活動であるが、今日、企業の経済活動自体があまりにも大きく変化している。会計においても、支配、交換、数量だけでは捉えきれない重要な経済事象があるとすれば、それをどのように認識するのかという問題が発生しているはずである。[7]したがって、今一度、会計の対象とは何か、再考してみる必要がある。

3. 〈経済〉という概念の変容

3.1 会計と個別資本運動

資本循環範式（G － W － G'）でも明らかなように、ここで想定されている経済とは、主として商品（製品）の経済であり、資金の投下、商品の販売、資金の回収のことである。つまり、商品の販売によって、投下資金が増えるという経済活動を描写したものにすぎない。また、有価証券やデリバティブのような金融商品ないし金融派生商品は、この図式のなかには投影されていない。あえていえば、G － G' といった貨幣の運動であろうか。そうした疑問も抱えつ

---

[6] フィリップ・コトラー、ジョン・ボーエン、ジェームズ・マーキンズ（監修、白井義男、平林祥訳）『コトラーのホスピタリティ＆ツーリズム・マーケティング　第三版』ピアゾン・エデュケーション、2011 年、25 ページ。

[7] 会計の対象の幅が拡大している今日、従前の会計のメルクマールから外れるものを取り上げることは、従来の会計を見直すという意味で意義があるように思われる。

つも、一般的には、G－W－G'という式に長らく企業の経済活動が還元されてきたのである。有価証券が時には利益を生み出すものであるにせよ、企業活動の一部の活動であり、あくまでも商品が利益を生み出すものであると信じて疑わない会計風土からは、所与として受け止められてきたともいえるだろう[8]。

　藤田昌也は、『会計理論のアポリア』の著書のなかで、「会計は個別資本運動を描き得るのか」という問題提言をしている[9]。それは、本書のアプローチとは異なる観点ではあるにせよ、いまだそうした問題が会計理論のなかで充分に取り上げられてこなかったことを考え合わせると、少なからず本書の問題点とも重なる部分がある。すなわち、当該著書の第8章第1節の書き出しにおいて、下記のように問題を設定している。

　「ここでの課題は、（中略）、会計の対象を企業活動＝個別資本運動としてきたわが国のいくつかの会計理論について考察することである。この問題に関連してはすでに相当の論文があるが、会計の対象が企業活動であること、さらにそれを抽象した個別資本運動であることに対して疑問を出した論者はいないのではないかと思う。おそらくその理由は、会計の対象は企業活動であることを今さら論じる必要もないほど決まり切ったことであるという了解があるからだろう。しかし少し考えるとそれほど決まり切ったことではない。というのは、会計は企業活動のすべてを対象としているわけではなくて、損益計算にかかわるかぎりであるからである[10]（傍点、著者）。」

---

[8] 笠井によれば、資本循環のシェーマ（G－W－G'）は、国民経済を対象にしたものであり、それをそのまま機械的に企業会計に援用したことで、金融商品の説明が不可能になっている。企業会計においては、これとは別に、G－D－G'という資本運動があり、その二本立ての資本循環を措定しなければ、有価証券を中心とした金融商品を説明することはできない（笠井昭次『現代会計論』慶應義塾大学出版会、2005年、383ページ参照）。資本循環範式の所与の前提を批判的に吟味、検討した本格的な考察は笠井理論以外、著者は知らない。

[9] 藤田昌也『会計理論のアポリア』同文舘出版、2012年。

[10] 藤田昌也、前掲書、140ページ。

3. 〈経済〉という概念の変容

　ホスピタリティは、本来、貨幣とは無縁であり、企業活動（特に販売）のサポート（顧客の心遣い）とすると、ダイレクトに損益計算には関わらないので、字義通りに解釈すると、会計が対象とする企業活動には該当しないことになる。そのことをもってして、企業活動の範囲を限定すると、無形資産会計や環境会計のみならず、会計の対象外のいわば、会計（写像）バブルに踊っているにすぎないということにもなろう。藤田（2012）は、企業の経済活動を広義に捉えすぎることには警鐘を鳴らしている。企業の経済活動をすべて会計において拾い上げようとすると、情報バブルが生じ制御するのが困難になることは目に見えているからである。

　しかし、こうした会計バブルはいずれははじけると見るのも1つの見方ではあるが、損益計算自体も歴史的や時間的経過により推移していくことを考え合わすと、企業の重要な肝となる活動を古典的解釈に依存することにより、重要な事象を見過ごしてしまうというリスクも抱えているのである。

　もっとも、今日の会計は、おそらくは、現代の企業活動とは符合しない $G - W - G'$ を援用するのは、あえて避けているように見える。意思決定有用性アプローチのもと、企業活動ないし企業の経済活動が幅広く、多方面から考察されてきている。そして、会計の情報提供機能の拡大化に伴い、情報の非対称性を解消すべく、投資家やステイクホルダーにいかに有用な情報が提供されるべきか、その思考スタイルは当面変わりそうにもない。

　しかし、そうした「企業活動とは何か」という含みをいかに解釈するかはさておき、資本循環範式を引き合いに出すまでもなく、商品が利益を生み出す仕組み自体は、現在もこれからも変わることはないだろう。商品で主な利益を得ていた企業が、金融商品によって主な利益を出すようになったとしても、それは、販売事業から投資会社に企業の形態を変化させたにすぎず、ことさら上述の式に異を唱えることもない。

　むしろ、ホスピタリティ論との関わりでいえば、マルクスが、最もミステリアスな商品、つまり「商品」というもののベールを剥いで、そのエイドス（本質）

第5章 会計の対象とホスピタリティについて

に迫った『資本論』それ自体が、肝心の資本を語っていないところに問題がありそうである。山本は「資本とは何であるのか、これが実はまったくはっきりしていない。マルクスは『商品論』は書いたが、『資本論』は書いていないのだ。(中略) 手紙でマルクスは『資本については書かない』とまではっきりといっている。[11]」と記している。つまり、企業とは商品によって利益を生み出すもの、商品によって利益を生み出すエンティティとは企業のことであるというトートロジーが、資本とは何か、経済とは何かと問う時の大きなくせものになっているのである。K(資本)－ G － W － G'と捉えると、K は、企業会計では、初期投資(株主の出資金、その他の資金調達)とも理解されるが、それとは異なる捉え方もできる。K(資本)が、実際のところ曖昧なのである。[12] それは、商品というものが、いかなる要件や力によって「販売」というクライマックスを迎えるのかという問題と深く関わっている。つまり、K(資本)が単なる貨幣を意味するものではなく、新たな文化的資本や環境的資本など、今日の経済状況下においては、企業の置かれている状況が様々な諸要素($K + \alpha =$資本)を上手く企業(ないしは商売)に取り込んでいくことができて、初めて「売れる」という事象が成立しているのではないかと考えることもできるのである。この場合、$K + \alpha$ は、すべからく G へとは移行しない。貨幣に置き換えられない要素 α、つまり環境、文化、ホスピタリティが、利益を生み出しているとしたら

---

[11] 山本哲士、前掲書、2006 年、311 ページ。

[12] 昨今の会計学においても、資本について充分な検討がなされているわけではない。単に、株主が出資をすれば、投下資本が自動的に回収されるとみるのは、個別資本循環範式の罠にはまっているにすぎないと考えることもできる。ブルデューの「文化資本」、宇沢弘文の「社会的共通資本」など、社会学や経済学などからの「資本」に対する新たな思考は、21 世紀の資本概念について考える際、今日、見過ごすわけにはいかないだろう。本書で幾度となく、問いかけているホスピタリティもまた、ブルデューや宇沢の考える資本とも関連しているように思われる。企業会計上の資本や内部留保など、貸借対照表の貸方に対する認識は、$K + \alpha$ の α の仕掛けを経営者に常に問いかけている。マネジメントにおけるホスピタリティは、$K + \alpha$ すなわち、述語の論理(＝企業のホスピタリティ行動への変革)へと展開されなければならないだろう。つまり、経営者は、既存の設備投資をホスピタリティ資材・人財への投資という視点から常に経済活動を見直すように求められている。

3. 〈経済〉という概念の変容

どうだろうか。別言すれば、企業の経済活動とは、利益を生み出すことを目的としているのであるが、利益を生み出す源が必ずしも商品自体ではないとしたら、企業活動とはどのように捉えられるべきであろうか。

私事の、卑近な事例ではあるものの、もう少しわかりやすい事例で考えてみたい。ある輸入雑貨ブランドの専門店の話である。[13]そのお店では、TとGというある有名ブランドの鞄などを売っていた。ある日、無名の会社の鞄を入荷した。その鞄は、TとGという有名ブランドよりも見栄えが良く、つくりも良くできている。ある店員が、TとGのショーケースの間にその鞄を置いたところ、その鞄はたちまち売れてしまったということがあった。顧客は、それをTとGという有名ブランドの鞄と間違えたのだろうか。間違えたとすると、それは商品の独自の魅力とも受け止められるが、TとGのショーケースの間に、小さないたずらで置かれた鞄は、ブランド店でブランドを買うという顧客の心を満たしたのである。商品が売れたのではなく、高級店の空気が利益をもたらしたのである。[14]そのように考えると、もはやG－W－G'のWに付加価値がついたのではなく、お店のつくりやステータス、あるいは接客により、利益ないし貨幣の増加をもたらしたのである。この場合、一見、G－W－G'に見えても、実際には、G－G'と変わりはない。[15]つまり、このケースに限らず、今日、W以外の要素に下支えされて、利益が生まれている時代がきているように思われるのである。

また、別の事例を出すとすれば、トヨタのプリウスがあげられよう。プリウスはよく売れている。しかし、プリウスというWは本当に売れているのだろうか。トヨタというブランドと、ハイブリッドという機械装置（元祖として

---

[13] 著者が、20代の頃に勤めていた店舗で体験した話である。
[14] 空気とは、つまり、店内の装飾、調度品、商品群、包装、照明、ディスプレイ、香り、店員の制服、接客の仕方など高級店を形づくる諸々の環境のことである。
[15] Wつまり、製品・サービスが利益を生み出しているのは自明の理であるが、G－W－G'という範式が固定観念として会計よりも前に先行することで、Wのみが利益を出しているように見えているだけかもしれないのである。別言すると、この範式に固着することで、重要な文化的背景、環境的背景に基づいた企業活動が見えなくなっているかもしれないのである。

のハイブリッド）が売れているのではないだろうか。ＴとＧという有名ブランドの鞄と同様にプリウス自体の車体は画一的でしかない。車の色が異なるだけである。誤解を恐れずにいえば、トヨタは、プリウスという車（＝Ｗ）ではなく、今日の気候温暖化などの環境問題や経済の低迷下、あるいはガソリンの高騰化、エネルギー資源への柔軟な対応など、われわれの生活を取り巻く環境に適合した土壌をうまく読み解いたがために、トヨタでプリウスを買うという顧客の心を満たすことに成功したのではないだろうか。そのように考えると、プリウスは一見、Ｇ − Ｗ − Ｇ'のＷにハイブリッドという付加価値を付けたがために売れているように見えるが、車の性能やデザインとは別の外部要因によって、「売れる」というはずみをつけているとも考えることができるのである。

それに対して、レクサスは、山本哲士等の分析に見るように、日本でのトヨタは大衆車の会社というイメージが固着しすぎていて、いくら商品を高級仕様にしても、欧州の高級車のようにはいかない。[16] レクサスが米国で売れても、日本や欧州で他のブランド車に比べて売れ行きがよくないとすれば、高級店で高級ブランド品を買うという高級志向の顧客の心を満たさないと捉えるのも１つの理があるように思われる。

フィリップ・コトラーが提唱するサービス・マーケティングにおいて、製品というモノに関する４Ｐ、つまり製品（Product）、価格（Price）、流通（Place）、プロモーション（Promotion）に加えて、３Ｐ、つまり人材（People）、物的環境（Physical evidence）、提供過程（Process）を付加した考え方が披瀝されてきており、最近ではさらに７Ｐが提示されている。[17] サービスやホスピタリティ

---

[16] 山本哲士・加藤鉱『トヨタ・レクサス惨敗』ビジネス社、2006年を参照。なお、ここでは、車自体を問題にしているのではなく、Ｇの増殖について、Ｗ以外の要素を指摘しているにすぎない。レクサスの販売に際して、車の性能やデザインとは別の外部要因をつくり出すことに成功しなければ、プリウスのように「売れる」というはずみがつかないことになる。

[17] Ｐについては、マーケティングの分野ではあまりにもよく知られているようであるが、会計学においては馴染みのない学説であるので、少々長くなるが、前掲書（フィリップ・コトラー、2011年、4-5ページ）より、抜粋しておきたいと思う。
「市場においては、『４Ｐ』と呼ばれるマーケティングの４つの構成要素に従い、製品

によって、売れる環境要因が整うという考え方は、上の事例と重なる部分も多い。少なくとも、G－W－G'においては、3Ｐは想定されていない。
　マーケティングの領域で、新たな企業の経済活動を顕在化させてきたことは、会計の対象を確定するうえでも重要な示唆を与えてくれるものであると思われる。つまり、G－W－G'の他に、G－サービスの3Ｐ－G'という資本運動も想定されるのである。もちろん、こうした資本循環範式までも取り込んで、G－W－G'を補完的に追随してみても意味のあることのようには思えないので、範式に対するこだわりを捨てることも視野に入れなければならない。仮に、製品概念（＝W）をサービスをも含むものとして拡張するにしても、対価をダイレクトに求めないサービスやホスピタリティはかかる範式には入らない。この点で、改めて会計とは何かという問題は、こうしたあくまでも会計が考える〈経済〉という概念の変容と密接に結びついている。
　ところで、著者は、もともとサービスとホスピタリティを峻別して、まったく異なる概念として認識しているが、巷に出版されている書籍や上述のコト

　（Product）とその特徴を決定し、価格（Price）を設定し、製品の流通形態（Place）を定め、製品のプロモーション（Promotion）方法を選択することが求められている。たとえば、マクドナルドの製品はファストフードである。良質な材料を使って製品を開発し、顧客にとって妥当な価格でそれを販売している。店舗は、ほとんどの顧客が15分程度で行けるような場所にある。マクドナルドのようなファストフード店は、販売計画の一環として、ターゲット市場に高い利便性を提供できる場所に店舗を持たなければならないからだ。さらにマクドナルドは、多数の市場セグメントを対象とし、1つの街にいくつもの店舗を構えているため、テレビなどのマスメディアを効果的に活用することができる。このようにマーケティング・ミックスとは、ターゲット市場に製品を効果的にマーケティングするための、さまざまな要素の組み合わせから成り立っている。マーケティングの『4P』だけではその他の重要なマーケティング活動を無視、あるいは軽視しているのではないかという異論もあるだろう。（中略）サービス業のためにさらに3つの『P』も紹介している。だが、大切なのは『P』ではない。マーケティング戦略を練るのに適した基本的概念は何かということが重要なのだ。『4P』を一種の道具箱と考え、自由にその中身を利用することによって、マーケティング戦略を策定できるはずだ。」
　このうち、著者は、人材、物的環境、提供過程というサービスの3Pは、ホスピタリティとも大きく関わる部分であると考えている。とりあえず、サービスの3P（≒ホスピタリティ）と表記する。例えば、提供過程に関連する視点については、商品のトレーサビリティー（流通）という観点から第2章で一部取り上げた。

ラーの記述からは異なる概念として認識されているとは思えない。サービスとホスピタリティの概念が互いに入り混じっている。服部勝人や山本哲士等が、サービスとホスピタリティを峻別して概念の整理をしている論理的な土台と、コトラーのように、サービスを人と人との相互作用として捉え、ホスピタリティをその延長線に捉えている思想的な土台が、2つ存在していて、現時点では錯綜している。例えば、コトラーは、サービスという語を、ホテル業界を説明する時に、「サービス産業では、顧客と接客係が共同でサービスを作り上げる。[18]」と記述するが、ここにおけるサービスとホスピタリティを入れ替えても、たいして違和感はない。それは、図表5-1のように相互作用という意味で同じであるからである。[19]

図表5-1　サービスとホスピタリティの相互性

	マーケティング	ホスピタリティ・マネジメント[20]
サービス	相互作用	一方向性
ホスピタリティ	相互作用	双方向性

　しかし、会計の立場からすれば、この「相互作用」という言葉は、はなはだ奇異である。顧客と接客係がいくら共同でサービスをつくり上げたとしても、どのようなサービスがいくらの価格で等価交換されたのか不明であり、良いサービスもあれば、悪いサービスもある。良いサービスの場合は高い価格で支払われ、悪いサービスの場合は低い価格で支払われるという価格の弾力性は一般的には想定し難い。ある1つのサービスを購入すれば、それが良いものでも悪いものでも、取引価格は同一である。[21] サービスを会計認識の対象とす

---

[18] フィリップ・コトラー、前掲書、2011年、30ページ。
[19] この点は、諸氏見解の相違が多々認められるので、検討課題としておきたい。
[20] 服部勝人『ホスピタリティ・マネジメント学原論』丸善、2006年、97ページ参照。
[21] 例えば、ある乗客が飛行機のビジネスクラスを利用したとする。その乗客の主観によってそれが価格以上のサービスか価格未満のサービスかは、感じ方が異なると

3. 〈経済〉という概念の変容

るためには、サービスに対する主観性を排除しなければ、財務諸表に反映させることができないので、顧客の主観性は、会計の範疇から外れることになる。[22] つまり、会計では、繰り返しになるが、良かれ悪しかれ、顧客が利用した部屋の代金、顧客が利用した電話代金、電気代、水道代、顧客が利用したルームサービスのサンドイッチ代、顧客が利用したクリーニング代など、あらかじめ料金設定のあるもののみが認識・測定の対象となる。また、商品売買の事業では、売上に対応する売上原価が算定されるが、サービス業などでは、サービス原価自体が資産に計上されないので、ダイレクトに売上原価という勘定は表出しない。一般的には、上述したような人件費などの具体的な代金が、費用対効果に相当する。

　したがって、少なくとも会計学の対象を定める時には、サービスとホスピタリティの定義を明確にしておかなくてはならない。さしあたり、会計ないしマーケティングでいうところの等価交換のサービスをサービスαと置き、マーケティングや日常用語などで使われている対価を求めないサービスをサービスβとしておきたい。とすると、従来より、「会計の対象は企業の経済活動」という意味合いで、サービスαは含まれるがサービスβは含まれないという認識の枠組みは、会計人の共通認識であったといえるだろう。しかし、今日の企業活動において、サービスβを会計認識の枠外に置いておくことは、会計の情報提供機能の衰退、あるいは低下をもたらすのではないかと思われるのである。今一度、そうした仮説を立てて、現代の会計を検証する時期にきているのではないか。もちろん、前述の藤田（2012）の視点からすると、損益計算に関わらない企業活動は会計描写の対象外ということになる。その考え方からすれば、ホスピタリティは、いわゆる短期の損益計算書を念頭に置く限り、会計の対象外となるように思われる。しかし、ここで取り上げているマネジメントにおけるホスピタリティ≒ホスピタリティに対する投資、その結果、顧客に対しては無償ではあるが、ホスピタリティに該当する企業活動が生じることは、企業の

　　いうケースが想定される。

[22]　例えば、口コミなどの類は、会計の問題として取り上げることが困難である。

第5章 会計の対象とホスピタリティについて

研究開発費のごとく、ホスピタリティの創意工夫の成果次第で、時の経過とともに企業に多大な利得をもたらすことにもなる。もちろん、失敗すれば、多大な損失を被ることもあるが、通例、新製品・新商品・新サービスであれ、それを投入したとしても、利得と損失は背中合わせである。売れるか、売れないかは市場に出してみないとわからない。ホスピタリティに対する投資は、今まで、さして重要視していなかった消費者や顧客の立場を汲み取ることによっても新たな利得の源泉を発見することもあるだろう。そうした意味で、マネジメントにおけるホスピタリティを巨大ビジネスの潜在的宝庫であると捉えると、伝統的会計学の狭い視点でホスピタリティを損益計算に関わらないものとして捨象することは、リスクの高い情報の非対称性を生むことになるのではないだろうかと考えるのである。航空業界、ホテル業、ツーリズム業界の他にも、資生堂、東急ハンズ、ファミリーマート、ヤマト運輸ほか、ホスピタリティを経営に取り入れている企業は増え続けている。また、日本のみならず世界中で、ホスピタリティを取り入れる試みが進行している。

　もちろん、先述した井尻の会計公理：支配、交換、数量という会計のフレームワークにあてはめると、サービスβ（≒ホスピタリティ）を会計上で認識することは明らかに不可能なことである。また、サービスβ（≒ホスピタリティ）にしても、それ自体をいかに認識するかという問題は極めて難解な哲学的問題も含まれている。そのため、本章では、それ自体を直接的に会計上の認識の対象として捉えることはまったく意図していない。企業の支配下で起こる現象であるにせよ、現場においては交換も数量も把握できず、あまりにも客観性が欠如しているからである。本章で取り上げようとしているのは、あくまでも企業活動のなかでホスピタリティ現象が起こり得る場の提供の仕方に限定している[23]。場を提供する、あるいはホスピタリティの場をつくるために、企業がいかに3Pの視点による投資をしているか、その投資状況をわかりやすくするた

---

[23] この点については、第4章で記述している。なお、ここでいう「場の提供」とは、賭けという意味において有価証券の投資に似ている。

3. 〈経済〉という概念の変容

めの認識表示を工夫する必要があるように思われる。[24]

　昨今、ホスピタリティ・マネジメントは一般的に流布し始めてきている。著者はそれに対して、ホスピタリティ・アカウンティング（ホスピタリティ会計）とでも命名すべき独自の会計領域は与り知らないが、上述したような場所の認識、ホスピタリティ環境を下支えする資金投下・資金管理をする会計は成り立つはずであると考えている。つまり、企業の「経済活動」を時代の新たな文脈で読み替えていくうえで、サービスβ（≒ホスピタリティ）の会計を想定することは可能なことであるように思われるのである。

　いずれにせよ、今日、今まで以上に、企業の経済活動が多角化してきており、現代会計が大鉈を振り落とした金融商品の時価評価にとどまらず、製品や商品という利潤獲得の中心となるものが、モノの魅力だけでは売れなくなってきている。企業活動としてのホスピタリティには様々な工夫があるだろう。魅力的な店舗、ゆったりとしたくつろぎのスペースに、衛生的かつ安全なトイレ、魅力的な配送、24時間対応、細やかな接客、積極的な声かけ、行き届いたアフターケアなど、企業から発信されるホスピタリティは、製品・商品やサービスとは別のものとして、売れる要素の役割を果たし、大きな経済構造の変化を生み出してきているように思われる。[25] もちろん、現時点において、それをどのように受け止めて会計に組み込んでいくのかという問題は、いまだ本格的に着手されてはいないが、企業におけるホスピタリティ経営はすでに始まっているように思われる。私見によれば、ここには、2つの大きな考え方の相違がある。1つは、コトラーの説明のように、製品ないし商品の概念がサービスを含み得る広義の意味合いに変化した。$G-W-G'$という範式を維持したまま、Wによる利益を補完する、上述したようなホスピタリティは利益に貢献していると考える。その際、製品・商品はサービスβ（≒ホスピタリティ）と対峙するものではなく、相互補完的な発展をしているものと見るのである。もう1つは、

---

[24] ここでは、財務諸表の本体表示、CSRなどの情報開示を想定している。
[25] 会計と経営ないしマーケティングの連携は、企業の経済活動の変化を知るうえで重要な視点であると思われる。

第5章 会計の対象とホスピタリティについて

山本が述べるように、商品中心主義の経済ではなく、ホスピタリティは商品や商品の一部ではなく資本という場所へ移行し、21世紀以降、経済のあり方そのものが根本的に変わったと考えることもできる[26]。著者は、上述の2つの見方は相違しているように見え、山本理論からすれば、極めてパラドクサル（逆説的）であるけれども、著者の視点によれば、製品・商品を販売し、サービスを提供する経済活動自体は今後も変わるはずもなく、ホスピタリティまでも資本の範疇に入れて捉えた場合においても、それらは互いに影響を与え合う関係性をもつように思われる。ただ、従来型の利潤を生み出す肝が、製品や商品であったことは昔も今も、間違いないところであるが、今日、それだけでは販売することが困難になってきた。4P＋3PのPのリニアー（直線的な）な思考も可能かもしれないが、3Pは4Pとは別の独自の世界を生み出してきており、従来型の商品中心思考では説明し切れないと考えるのも一理あるからである。本書の第1章ならびに第4章でも示したように、サービスやおもてなしとは

---

[26] 山本は、「商品を中心にした経済活動」と、「資本を中心にした経済活動」を対置させている。著者は、山本が提示する、この対置については、以下のように理解している。商品を中心にした経済活動を基軸にすれば、ホスピタリティは「商品売買」のサポート的な意味合いにとどまるのに対して、資本概念が根本的に文化資本や環境資本といった新たな資本概念に転換して、経済の仕組み自体が根本的に変化していると考えると、資本を中心にした経済の転換が起きる。その場合、ホスピタリティが中心的な機能をもつことになる（山本哲士『ホスピタリティ原論』文化科学高等研究院出版局、2008年、316-317ページ参照）。

著者は、本書で上記の二項対立を提唱することを目的とするものではないが、会計学の視点から見た場合、サービスに代わり得る重要な経済のキー概念がホスピタリティであるならば、まずは、外部報告会計にホスピタリティ情報が記載されるべきであることを提唱している。従来は、経済を支える経営、経営を支える会計と、商品を中心にした企業の経済活動をいかに忠実に写像し、投資家やステイクホルダーに伝達するかという見方が多勢であったように思われる。しかし、むしろホスピタリティの場合は、企業活動の現場を模写することを得意として仕事をしている会計が、ホスピタリティを可視化することを試み、経営や経済に働きかける役割を担わなくてはならないのではないかと考えるものである。あまりにも抽象化のレヴェルが高すぎると、ホスピタリティは曖昧化され、具体的な意味をなさなくなるように思われるからである。また、現行の会計は、資産から負債を差し引いた残余が純資産（株主資本＋残余）にすぎない。資本会計自体が衰退している。その点にも、問題があると思われる。

3. 〈経済〉という概念の変容

まったく異なる概念としてのホスピタリティ（別言すれば、心の経済）は、場の論理であり、4P時代とは異なる経済（ホスピタリティ、慈愛、友愛、仁などが生まれる環境を整えること＝述語場の論理）として生まれてきているものであるということになる。[27] もちろん、ここではホスピタリティとは何か、早急な解答を求めてはいないし、求めることもできない。経済の仕組みそのものが根本的に変更されたと考える場合であっても、会計学の対象はあくまでも会計であり、会計の対象は企業の経済活動であるという図式にホスピタリティは当てはまりにくい。本体をつかまえるのも困難であるので、写像という点でも極めて困難なことになる。つまり、ホスピタリティがなぜ企業の経済活動となるのか、短期的な目線ではデッサンが難しいからである。3Pを4Pの並列と考えるのはたやすいが、マネジメントにおけるホスピタリティを身につけた人財の育成、ホスピタリティが発生する場所の提供、単なる建物ではなくホスピタリティ効果のある設備資産の設置、ブランド効果の高いロゴの作成など、今日、こうした様々な企業努力をしており、モノやサービスの売り方が、従来と比べると大きく変化してきていることはもはや無視することはできない。それは、われわれの身の回りを振り返れば気づくはずである。そこでは、以前とは異なる、医療現場、学校現場、物品販売業、外食産業、交通機関、ホテル業、旅館業の顧客に対する接遇など、新たなホスピタリティ体験に自然と出くわすことになる。それは、高級店などの一部のホスピタリティ産業にだけ表出する兆候でもない。明らかに、一昔前のように、右から左へと製品や商品を渡した

---

[27] 例えば、ある店舗、ある遊園地、ある交通機関、あるレストラン・カフェなど、その場所に居合わすだけで、くつろげたり、安心できたり、癒されたり、心が満たされる場所があるだろう。誰しも不安感一杯の店で買い物をしようとは思わない。ホスピタリティが生まれるには、そうした環境づくりや文化づくりなどの舞台づくりをしなくてはならない。

　本書では、当面のところ、ホスピタリティ会計の先鞭ないし具体策として、ホスピタリティが生まれるための舞台づくり、すなわち、財務諸表本体において、ホスピタリティ資材の提供を勘定科目で区分して表示することや、企業の経営者が「ホスピタリティ報告書」・「統合報告書」などにおいて大いにホスピタリティを語ることが必要であると考えている。

第5章 会計の対象とホスピタリティについて

り、サービスを施して利益を得ていた時代ではなくなってきている。より良いホスピタリティ体験が経済の動向を左右する時代に突入している。快感や感動を顧客とともに享受するホスピタリティ（心のあり様）が利益を生むという仮説は、時代とともに信憑性が増してきている。例えば、コトラー等は、サービスの特性として無形性、不可分性、変動性、消滅性の4点をあげており、不可分性の例示で以下のように記している。

「たいていのホスピタリティ・サービスでは、サービスの提供者とその顧客の両者が売買の成立のためにその場に居合わせなければならない。接客従業員は製品の一部である。あるレストランで、料理は素晴らしいものであっても、サービスする人の態度が好ましくなかったり、気配りに欠けるサービスであれば、顧客は総合的なレストラン体験の評価を下げ、彼らの体験は満足するものとはならないだろう[28]（傍点、著者）。」

サービスが相互作用として捉えられるのは、不可分性という特性においてであろう。人と人が関わる行為ということであれば、その意味では、すべからくサービスは相互作用ということになる。サービスをする人の態度が、一方的で好ましくなかったり、気配りに欠けていたとしても、人と人が関わる行為あるいは現象をもってして相互作用という言葉で表現することも可能である。しかし、そのように理解すると、サービスをする人の態度が、一方的で好ましくなかったり、気配りに欠けていた場合、法的には認められないにせよ、人と人が表面上は物理的に関わっていたとしても、心の交流を伴う相互作用が欠落しているという意味において、顧客は満足がいかず、対価の支払いを拒否する観念もあわせもつことになるだろう。

---

[28] フィリップ・コトラー、ジョン・ボーエン、ジェームズ・マーキンズ（ホスピタリティ・ビジネス研究会訳）『ホスピタリティと観光のマーケティング』東海大学出版局、1997年、86ページ。

3.2 相互作用の意味について

　サービス・マネジメントの文献をサーベイすると、サービスをサービス提供者と顧客の相互作用として定義づける方向性が主流であるように思われる。[29] たいていのサービスは、人が人に対して行う行為であるので、それを指して相互作用と定義づけるのは自然なことであるが、かつて服部が語源的定義によって、サービスを一方向性、ホスピタリティを双方向性（≒相互作用）と区別した観点からすると、たちまち、相互作用という語義が釈然としない定義に思えてくるのである。蒲生智哉（2008）が医師と患者の相互関係を次のように例示している。[30] こうした医療の事例は、相互作用の意味内容を考えるうえで、多面的な示唆を与えてくれる。

　「例えば、風邪をひいたときの『病院にいき、診察を受け、薬をもらい、帰宅し、一週間ほど薬を飲み、再診を受ける』という治療において、患者は多くの場面でそのサービスに参加している。この『顧客が生産に直接参加する』ことはつまり、そのサービス商品の中核価値は提供者側と顧客側との相互作用によって生産される。[31]」

　北欧や英米の医師と患者の関係は、過去にどのような関係性があったのか

---

[29] この点については、幾多のマーケティングの教科書にも記載されているところであり、当面、蒲生智哉「サービス・マネジメントに関する先行研究の整理」『立命館経営学第47巻第2号』2008年の文献や、徳江順一郎『ホスピタリティ・マネジメント』同文舘出版、2012年などに詳しい。サービスを相互作用として理解するのは容易であるが、ホスピタリティの概念といかに峻別するかという観点からは、いずれの論文や著書も「相互作用」という語義が何を含意するのかが不明である。今後の重要課題となるだろう。

[30] 服部勝人、前掲書、101ページ参照。本書においても、サービスの相互作用、ホスピタリティの相互作用という言葉が使われているが、ここでは、サービスの相互作用の相乗効果は一方向的で乏しく、ホスピタリティの相互作用の相乗効果は双方向的で豊かな関係が築かれるとされている。服部はサービスとホスピタリティのどちらも相互作用としつつ、相乗効果という点で違いがあるとして、概念上の区別をしている。

[31] 蒲生智哉、前掲書、111ページ。

知る由もないが、少なくとも日本においては、従来、患者の立場や権利は極めて弱いものであって、医師による一方的、かつ場合によっては高圧的な治療行為を患者が受けるというものであった。それが近年、患者の医療を受ける権利が強くなり、インフォームドコンセント（説明と同意）などによって関係性の改善が見られるようになり、医師と患者の関係性が大きく変化してきたことはよく知られていることである。この関係性の改善ならびにその方向性は、サービスが向上したものと捉えるか、ホスピタリティが関係性の改善に大きく寄与したものと捉えるのかで、サービス概念の捉え方は大きく異なる。このことは、国鉄や郵政の民営化、大学の独立法人化、各種サービス産業の過当競争などの事例と無縁ではない。私見によれば、上述のようなサービスの定義や認識は、ホスピタリティを含むサービス（サービス≒ホスピタリティ）の向上により、現代版のサービス概念に昇華したものと思われる。そのように理解すると、ホスピタリティはサービスのなかの一部の概念ということになる。

　しかしながら、ホスピタリティとは単にサービス向上を意味するものだろうか。そうではない。ホスピタリティは、人と人が心の平安をとりもつ、心理的、宗教的な意味合いにおける相互作用のことであり、サービスや商製品に影響を与えることはあっても、独自に存在する概念である。サービスや商製品は金銭を直接的に得るためのものであり、本来のホスピタリティは直接的には金銭とは無縁である。慈悲であり、弱者救済であり、福祉を意味する。原義において、儲けにはならないが身銭を切るところに特徴がある。[32]

---

[32]　服部勝人、前掲書、103ページにおいて服部は、「ホスピタリティは常にサービスを内包している」と記しており、ホスピタリティをサービスの上位概念として位置づけている。しかし、時にはその場に応じて、マニュアルとは異なった臨機応変な対応をするところにホスピタリティの本質があるとすると、もともと発想自体が異なるので、ホスピタリティとサービスは異なった概念でなくてはならない。本書では、ホスピタリティとサービスは、もともと考え方を異にするものであるという立場に立っている。ホスピタリティをサービスの上位概念として位置づけると、ことさらマネジメントにおいて、ホスピタリティという言葉を用いる必要性もないからである。ホスピタリティはサービスの上級編ということになり、サービス論の一部になる。したがって、ホスピタリティ・マネジメントという新領域が成立するためには、かかる概念上の整理は重要な課題であると思われる。

3. 〈経済〉という概念の変容

　つまり、サービスは利潤獲得を目的としたサービス提供者と顧客の相互作用ということはできるが、ホスピタリティは原義において直接的な対価を求めない人と人との相互作用とでもいえるだろう[33]。ホスピタリティとしての行為が定例化し、サービスとして対価を得るものに還元されるとすれば、相互作用という点で、ホスピタリティ・マネジメントという領域は広がりを見せるどころか、最終的にはサービスに一元化され、矮小化されてしまうことにもなりかねない[34]。というのも、現行のマーケティングの一連の言説を見るに、あまり

---

[33] サービスという言葉は極めて広義である。職種においてもホストとゲストの関係性は異なる。通常、デパート、レストラン、ホテルなどのサービス産業を思い描くが、蒲生（2008）の事例のように、医療もサービスであり、その他に教育サービス、弁護士や会計士などが扱う法律サービスや会計サービスも同様である。サービス産業は、概して顧客を王様として捉えるようであるが、従来、医療サービスなどは、サービス提供者の方が上位にあり、顧客はサービスを受けるための敷居が高かった。今日でも、そうした関係性は残っている。著者が考えるに、そうしたプロフェッションとしての知的サービスは、専門的技術のサービスであるという特殊性よりも、歴史的な身分制によるものと思われる。例えば、江戸時代の身分制は士農工商で、商人が最も身分が低いが、医師は帯刀を許され武士に匹敵する身分を得ていた。現在でも庶民たる患者は極めて弱い立場にある。サービスは位階制、プロフェッションなどの有無において関係性を捉えるので複雑であるが、ホスピタリティは人と人の友愛を説いているので、自ずと概念構成が異なるはずである。
　また、共時的な意味でも異なる。日本の接遇と海外の接遇を比較してもかなり異なっている。各国において、歴史的文化的背景が異なっているからである。

[34] 第1章で示したオムライス・ホスピタリティの事例である。第1章脚注32参照。孫を亡くした老夫婦は、レストランでメニューにないオムライスを注文したが、メニューにないという理由で断られた。それを見かねたアルバイト店員が自ら厨房に入り、オムライスをつくったところ、たいそう感動されたという話であった。この場合、それ以降、オムライスを定番メニューに入れるか、裏メニューとして対価を得るものとしておくなどの対処をすれば、ホスピタリティがサービス化されることになる。しかし、同様のケースで、今度は老夫婦が孫のためにメニューにないミルクカレーを注文したとしたらどうであろうか。再び、同様の場面に出くわすことになるだろう。ミルクは冷蔵庫にあり、カレーは定番メニューにあるという場合である。ミルクカレーをつくるのは簡単であるが、料金設定がないのでつくれない。
　ここで問われていたのは、オムライスでもカレーでもなく、レストランの店員の老夫婦に対する気遣いや配慮が問われていたのである。したがって、オムライスがなければ、オムライスを定番メニューにすれば済むという程度の発想は、ホスピタリティの矮小化ともいえるだろう。気遣いや配慮というものは、どのような場面においても起こるものであるが、様々な場面で、ホスピタリティとサービスの取り違

におおざっぱにホスピタリティが捉えられているようにしか思われないからである。[35] この点については、本書においては、製品や商品、あるいはサービスについては「売り物」という意味で同一のレヴェルで捉えており、ホスピタリティ・マネジメントにおけるホスピタリティは、企業と消費者・顧客を強い信頼関係で結びつけることにより、結果的に「売れる」という経営・会計事象として捉えている。もちろん、ホスピタリティのもともとの意味には、「売れやすくする」という意味はないが、第4章で検討したように、もともとのホスピタリティの原義あるいは本質に遡ってマネジメントを見直すことによって企業利益のさらなる改善を目指すものである。一見、相反する概念のホスピタリティとマネジメントを結び付けることは、不可能なことであるかのように見えるが、広い意味での会計は、マネジメントにおけるホスピタリティを可視化するための有効な手立てになるように思われる。

4. 2つの利益

商品の販売やサービス（サービス α ）の提供によって利潤計算が可能になるという、あまりにも教科書的な財務会計の仕組みを念頭に置くとき、サービ

えや安易なホスピタリティのサービス化が生じている。

[35] 例えば、インフォームドコンセントは医療倫理の問題であり、ホスピタリティとは異なる。医療知識のない患者に最悪の事態ばかりを説明することによって、患者を余計に不安にさせているという現況もある。最悪の事態を不本意に受諾して手術を受けるというのは、インフォームドコンセントの理にかなっていても、必ずしもホスピタリティがあるとはいえないだろう。また、最悪の事態のレントゲン写真を見せて、不要な治療あるいは患者個人の選択可能な治療を一律に勧める医師も多い。ホスピタリティとは患者の心をケアすることであるということを考えると、インフォームドコンセント（＝医療マニュアル）を守ることによって不用意に患者の心を傷つけていることもある。このような事例を見ても、今日、相互作用という言葉では統一できないほど、サービスの概念は混乱した状況にあることだけは確かである。著者は、ホスピタリティ・マネジメントにおける「ホスピタリティ」の概念が明らかにされ、一般化されるまでは、サービスを相互作用と定義づけることはリスクが高いと考えている。つまり上述の医療サービスの問題も、単なるサービス向上で解決できるものではないからである。

スβ（≒ホスピタリティ）は、費用対効果の関連性が明確でなく、会計の対象に組み入れるべき積極的なエビデンスに欠けるという見方は至極当然のことであるように思われる。例えば1つには、サービスβに対する資金投下が売上増をもたらしたのか、それとも商製品のもつ内在的魅力によって売上増になっているのか、因果関係が不明瞭なケースが想定される。3Pに対する資金投下の増加が直接的にも間接的にも売上増に結びついているとまではいえないこともある。

　もう1つは、繰延資産の創業費や開発費にかけた投資のように、その投資がいつの期間利益に反映しているのか検証不可能であるという点もあるだろう。もちろん、これ以外にも様々な問題点を見つけ出すことができる。

　しかし、その多くは、はじめに指摘したようにG－W－G'（資本循環範式）の古典的ないし伝統的会計利潤計算をもとに思考していることにより生じる問題である。Wのみが利潤を生むという思考回路は、範式を前提とする限り正論であるが、範式が現在の企業活動を表現することができないとしたら、それ以外の企業の経済事象はどのように認識すべきだろうか。このことは環境会計が生まれて、そのレーゾンデートル（存在理由）を証明するのに長い年月がかかり、今日もなお、制度会計の枠外に置かれている経緯とよく似ている。ここでの問題提起は、そうした伝統的会計学の領域にそぐうかそぐわないかということではなく、利潤計算そのものが新たな枠組みで捉えられるとすれば、上述した教科書的エビデンスこそが足かせとなり、会計のもつ情報提供機能が停滞していることになる点を取り上げている[36]。つまり、古典的な見解ではWにし

---

[36] G－W－G'という貨幣資本の循環のみが古典的に想定されてきたが、経営者が毅然とした経営理念のもとにサービスβ（≒ホスピタリティ＝H、ドイツ語では、ホスピタリティをGastfrundshaftというが、ここでは便宜的にHospitalityのHを使用する。）に資金投下することにより、新たなG'を生むことが想定され得るのである。個別資本運動に引き寄せて考えれば、G－H－G'という第2、第3の資本循環があるはずであると考えるのである。これは、余剰資金のGを金融資産に投下し、G'を回収する過程に似ている。もしくは、旧態の会計からすれば、支出未費用、費用性資産に見える一連の資産群のなかに、隠されたホスピタリティ資産というものがあって、ホスピタリティによる売上増という新たな資本運動が起きていると考え

か着目していない。しかし、コトラーも指摘したように、今日、商製品の売れる仕組みが大きく変化していることに着目していくと、利潤を生み出すコアが必ずしもWのみではないという場合も出てきているのである。

5. おわりに
－遠回りの利益－

　伝統的会計学においては、期間損益計算という言葉が金科玉条のように唱えられてきた。
　その場合の期間とは、たいていは1年ないし半年、もしくは四半期である。別言すれば、期間がなければ損益計算ができない。ここでは、通例、口別損益計算のことを想定はしていないからである。誤解を恐れずにいえば、今日の会計は、伝統的な会計学が前提においていた期間の概念が、短期であれ長期であれ、元の意味からズレてきているのではないかと著者は考えている。実際、昭和の初めの企業会計原則の成立から今日の会計に至るまで、会計は幾多の歴史の転換点に直面し、企業の活動を会計描写（写像）する仕方も大きく変化してきた。資産・負債アプローチは、期間というよりも一時点のタイミングを重視する会計である。会計とホスピタリティという突合せは、いささか唐突な印象を与えてしまう課題であるが、究極的には「利益とは何か」という問題に帰着するように思われる。ホスピタリティそれ自体は見ることも触ることもできないが、そもそも会計上の利益もまた見ることも触ることもできないものである。その点では同じである。
　今日、ホスピタリティという語は一般化したかのように見えていたが、いまだその概念は曖昧模糊としている。製品や商品、サービスのように具体的な形、「売り物」としての形が曖昧であるので、ホスピタリティの概念を規定するのが困難な状況である。しかし今や、製品や商品やサービスという「売り物」

　　　ることもできる。

5. おわりに
― 遠回りの利益 ―

は、生活必需品でもない限り、並べただけでは売れる時代ではない。街には、同じような商品やサービスが氾濫している。ホスピタリティ・マネジメントにおけるホスピタリティが、消費者や顧客の信頼のもとに、製品や商品の販売、サービスの提供（あるい選択的消費）を通して将来キャッシュ・フローを増加させているとするならば、かかるホスピタリティは会計上の利益を左右していることになる。逆にいえば、ホスピタリティの実践が、将来キャッシュ・フローの増加に結びつかないのであれば、マネジメントとしても成立しないだろう。

また、既存の資産（設備資産など）や負債（資金調達など）が企業利益を生み出しているのではなく、今までたいして重要視しなかったホスピタリティが主役で企業利益を絞り出しているとしたらどうだろうか。あるいはまた、消費者・顧客のことを第1に考える視点（＝ホスピタリティ）を見失った企業が不正を続けているとしたらどうだろうか。本気のホスピタリティを見失った企業に、いくらうわべの企業倫理の講習会を義務付けても、企業不正自体は消えてなくなることはないだろう。

総じて近年、サービス産業はいうに及ばず、医療現場、学校現場、その他のあらゆる企業、組織体で働く人も、顧客により優しく丁寧に双方向の意思疎通を図り、その関係性を潤滑にするための業務が、本来以上に増えている。その業務のほとんどがホスピタリティ関連業務である場合が多い。目を凝らして見るとよい。様々な企業や組織体の受付や相談窓口の机の上に何気なくクレドが置かれていることも多くなった。今後もますます、消費者・顧客に対する気遣いや配慮が求められるだろう。企業人ないし仕事人の多くは、好むと好まざるとにかかわらず、ホスピタリティに対する力試しがなされているのである。この傾向は加速度的に進行している。本書の趣旨としては、別段、ホスピタリティを推進することを提言するものではないが、著者は、ホスピタリティがいまだ社会的にも会計的にも明確に認知されていないことが問題であると考えている。現状、ホスピタリティを企業や社会に取り込もうとしても、ホスピタリティを顧客第一主義、おもてなし、サービス、マナー、接客方法と同義に捉えてしまい、ホスピタリティそのものに対する意識が希薄で、心を閉ざしてる人

達の方が多いのではないだろうか。今こそ、ホスピタリティの真偽や重要性が問われている時代が到来しているともいえよう。反面、やみくもにホスピタリティを導入することも問題である。[37] 誤解を恐れずにいえば、うわべの似非ホスピタリティであるならば企業活動にはまったく意味をなさないどころか、不要でしかない。企業や組織体の構成員が、ホスピタリティの重要性や効果を充分に理解しなければ、職場が混乱するだけである。それだけに経営者の責任は重たくなってきている。ただ今日、訳のわからない人間関係改善の仕事を抱えて苦慮するよりも、こうした時代に突入している以上、「その仕事はホスピタリティですよ」と企業ないし組織体の考えるホスピタリティを会計的に可視化することで、必要なものと不要なものを区分し、ホスピタリティ本来のあり方を洗練させていく方が、投資家とステイクホルダーにとっても、今日の企業活動の情報開示として納得のいくものになると考えるのである。

---

[37] もともと、ホスピタリティを共愉する組織体でなければ、強制的にホスピタリティを導入しようとしても意味をなさないだろう。また、ホスピタリティさえ企業活動に取り込めば、マネジメントが成功するというわけでもない。実際には、名ばかりの似非ホスピタリティがまかり通っているのが現状であり、一般的には、ホスピタリティに対して正当な評価や認識がいまだ得られていない。まったく不要な似非ホスピタリティに惑わされて、時間を奪われることは、逆に大きな損失にもなる。ここでは、マネジメントにおけるホスピタリティが上手く機能しているか否か、本物のホスピタリティを見る眼を養うことが、今日、われわれに求められているように思われる。

5. おわりに
－遠回りの利益－

参考文献
加藤鉱、山本哲士『ホスピタリティの正体』ビジネス社、2009年。
窪山哲雄『ホスピタリティ・マーケティングの教科書』実業之日本社、2014年。
フィリップ・コトラー、ジョン・ボーエン、ジェームズ・マーキンズ（監修、白井義男、平林祥訳）『コトラーのホスピタリティ＆ツーリズム・マーケティング』第三版ピアゾン・エデュケーション、2011年。
フィリップ・コトラー、ジョン・ボーエン、ジェームズ・マーキンズ（ホスピタリティ・ビジネス研究会訳）『ホスピタリティと観光のマーケティング』東海大学出版局、1997年。
服部勝人『ホスピタリティ・マネジメント学原論』丸善、2006年。
藤田昌也『会計理論のアポリア』同文舘出版、2012年。
山桝忠恕・嶋村剛雄『体系財務諸表論（理論編）』税務経理協会、1973年。
山本哲士『ホスピタリティ原論』文化科学高等研究院出版局、2006年。
山本哲士・加藤鉱『トヨタ・レクサス惨敗』ビジネス社、2006年。

あとがき

　ホスピタリティを定義づけることは困難であるが、今後の企業活動において企業価値を高める重要な要素となっている。本書では、何らかの形で、企業のホスピタリティを認識し、利害関係者に情報開示することを企図するために、ホスピタリティと会計の関連性を主に取り上げた。ホスピタリティ情報の開示という点では、財務情報と非財務情報の２つのタイプで工夫することができるのではないかと模索した。この観点は、今日、思案されている統合情報へと至る道筋とも大きく関わっているのではないかと思われる。従来の財務諸表において、数値として認識・測定できる領域もあれば、まったくもって定性的な情報としてしか開示することができない領域もあるだろう。いずれにせよ、現行の会計においては、ホスピタリティは財務情報と非財務情報でもそれとわかる形での開示はなされていない。開示の具体的な方策は、今後の重要な課題である。昨今の財務報告の方向性として「統合報告」が示されている。ホスピタリティが今後の企業活動になくてはならない心の経済活動であるとすれば、統合報告のあり方の問題は、新しい会計学の重要なテーマとなることだろう。

　著者自身、ホスピタリティと会計を関連づけて考えることの有意性については、十数年、悩み続けてきた。ある時は、無意味なものに思えたり、またある時は、これこそ新しい時代をつくるキー概念であると考えたりもした。そうこう思考を繰り返しているうちに、企業とホスピタリティの切っても切れない関係性の問題が社会的に表面化してきた。今日、多くの企業が、お客様をないがしろにした経営を続けていけば、企業としての成長がないことに深く気づき始めてきている。また、一個人として、私たちを取り巻く組織体が、企業のみならず、いかに私たちのことをきちんと考えて対応してくれているのかと、身の回りや社会情勢などを振り返ってみると、ホスピタリティの有無という問題点が常に生じているのである。

　そしてまた、日本では東京オリンピックが開催される。これは、日本のホス

ピタリティが試される大きな試練でもある。しかし、残念ながら、諸般概観すると、そのホスピタリティの真意が、どれだけ理解され斟酌されているのか甚だ疑問である。私たちは、日々の仕事に忙しい。忙しいからホスピタリティのことなど考えている暇はないということにもなろう。しかし、忙しいという文字は、「心をなくす」と書くがごとく、心を失う。ホスピタリティをいくら企業理念に掲げてみても、うわべのホスピタリティなどすぐに剥がれ落ちてしまう。それ程、ホスピタリティは奥深い。ホスピタリティが問題となる現場は、企業のみならず数限りなく存在する。教育や医療も、ホスピタリティが始まったばかりである。

　著者は、感じ方も考え方も実践的である妻の律子（元、ANAなどの客室乗務員）と十数年、食卓において「ホスピタリティ」について議論をしてきた。接遇に対する考え方について意気投合することもあったが、私の行き過ぎた考え方に対しては忌憚のない批判もしてくれた。それは素人にとって大いに勉強となった。また、私は50の半ばを過ぎ、遠く離れた京都の宇治に住む著者の両親（西澤繁太郎、西澤幸子）も、超高齢者となった。それゆえ、超高齢化時代における、様々な「ホスピタリティ」の問題にも多く直面した。また、本書は、2005年に出版した『負債認識論』（国元書房）から数えて10年になる。その出版と同時に生まれた娘の西澤真音も10才になった。子育てもまた、「ホスピタリティ」について考える貴重な体験となり論文の素材となった。本書は、妻や娘、両親の存在、義理の両親、そしてまた無理難題についてきてくれた北九州市立大学の学生達という心の支えがなければ、一冊の書物としてまとまりはしなかったであろう。感謝の念に堪えない。企業ないしあらゆる組織体が消費者・顧客とともに生き生きと生活できる世の中になることを願わずにはいられない。本書が、その素材を少しでも提供することができたならば望外の幸いである。

西澤　健次

初出論文

　本章の各章に対応する初出論文は以下の通りである。なお、本書の論旨を一貫させるために、各論文とも加筆修正しており、大幅に書き直している箇所もある。

第1章　「会計とホスピタリティ―貨幣評価の公準を巡って―」『学会誌、日本経営会計学会、第9号』2008年3月
第2章　「財務報告とホスピタリティ」『北九州市立大学商経論集43巻第1、2、3、4合併号』2009年11月
第3章　「消費者のための会計は可能か？」北九州市立大学ワーキングペーパー、2010年10月（原題：Une Comptabilité pour le Consommateur est-elle Possible ? 和訳）
第4章　「ホスピタリティの述語性について」北九州市立大学ワーキングペーパー、2014年2月
第5章　「会計の対象とホスピタリティについて」『北九州市立大学商経論集50巻第1・2・3・4合併号』2015年3月